基于乡村振兴的农村精神文明建设研究

杨振宁◎著

文化发展出版社
Cultural Development Press
·北京·

图书在版编目（CIP）数据

基于乡村振兴的农村精神文明建设研究 / 杨振宁著
. — 北京 : 文化发展出版社，2024.3
ISBN 978-7-5142-4192-1

Ⅰ. ①基… Ⅱ. ①杨… Ⅲ. ①农村－精神文明建设－研究－中国 Ⅳ. ① D422.62

中国国家版本馆 CIP 数据核字 (2024) 第 002790 号

基于乡村振兴的农村精神文明建设研究

杨振宁　著

出 版 人：宋　娜
责任编辑：任秀颖　　　　　责任校对：侯　娜
责任印制：邓辉明　　　　　封面设计：张　肖
出版发行：文化发展出版社（北京市翠微路 2 号 邮编：100036）
网　　址：www.wenhuafazhan.com
经　　销：全国新华书店
印　　刷：天津和萱印刷有限公司

开　　本：710mm × 1000mm　1/16
字　　数：220 千字
印　　张：12.25
版　　次：2024 年 3 月第 1 版
印　　次：2024 年 3 月第 1 次印刷

定　　价：72.00 元
I S B N：978-7-5142-4192-1

◆ 如有印装质量问题，请电话联系：010-58484999

作者简介

杨振宁，男，贵州师范大学法学本科和法学硕士毕业，中央民族大学法学博士毕业，教授。长期从事思想政治教育研究，坚持以习近平新时代中国特色社会主义思想武装头脑、指导实践、推动工作。兼任兴义市委党校校外教师，黔西南州法学会副会长，贵州省第十三届人大常委会立法专家库成员。为黔西南州公安局、消防局等单位开展讲座二十余次。发表学术论文十余篇，出版著作二部，主持厅级课题二项。

前　言

我国是传统的农业国家，农村、农业、农民问题一直都是我国高度重视的社会发展问题。历史和现实都告诉我们，农惟邦本，本固邦宁。农村仍是实现中华民族伟大复兴以及全面建设社会主义现代化国家的最艰巨、最繁重任务，同时也最广泛、最深厚的基础所在。为了实现中华民族伟大复兴的战略目标，必须对乡村进行全面振兴，以确保民族的繁荣昌盛，没有广大农民群众的小康幸福指数，就不可能有全国人民的整体小康。自党的十八大以来，党中央始终坚持把解决好“三农”问题，作为全党工作重中之重，把脱贫攻坚作为全面建成小康社会的标志性工程，同时全面启动和实施乡村振兴战略，以推动农业农村实现历史性的成就和变革。乡村振兴战略既包括物质生产的过程，也包括精神生产的过程，而物质生产需要精神成果的支持。

《乡村振兴战略规划（2018—2022 年）》对新时代农村精神文明建设作出了全面部署，指出要持续推进农村精神文明建设，提升农民精神风貌，倡导科学文明生活，不断提高乡村社会文明程度。当前，我们必须深刻认识农村精神文明建设在全面实施乡村振兴战略中的重要地位，准确把握加强新时代农村精神文明建设的基本任务和要求，运用好党的十八大以来农村精神文明建设的成功经验，大力加强农村精神文明建设，为全面建设社会主义现代化国家提供坚实的思想支撑、丰富的道德滋养以及优越的文化条件，推动农民精神文明建设迈向新的高度，持续满足农民群众的新期望，塑造农村发展进步的新典范。

本书内容共分为五章。第一章为农村精神文明建设概述，主要介绍了五个方面的内容，依次是乡村振兴概述、农村精神文明建设的概念、农村精神文明建设提出的时代背景、农村精神文明建设在乡村振兴中的地位和作用、农村精神文明建设的理论与实践价值。第二章为农村精神文明建设的实践与现状，包含三个方面的内容，依次是农村精神文明建设的历程、农村精神文明建设目前面临的困境、农村精神文明建设的取得成效与机遇。第三章为农村精神文明建设的培育路径，主要介绍了三个方面的内容，依次是农村精神文明与制度规范建设、农村精神文明与农村文化建设、农村精神文明与思想道德建设、农村精神文明与农村生态建设。第四章为新环境下的农村精神文明建设，阐述了网络环境下的农村精神文明建设要求、基于人口流动下的农村精神文明建设要求、新生代农民工与农村精神文明建设。第五章为基于乡村振兴视角的新型农民培育，论述了培育新型职业农民的工匠精神、增强农民的法治意识、加强农民的风险观教育。

在撰写本书的过程中，笔者得到了许多专家学者的帮助与指导，参考了大量的学术文献，在此表示真挚的感谢。本书内容丰富新颖、系统全面，论述深入浅出、条理清晰，但由于作者水平有限，书中难免会有疏漏之处，希望广大同行及时指正。

杨振宁

2023 年 4 月

目录

第一章　农村精神文明建设概述

第一节　乡村振兴概述

实施乡村振兴战略，是党中央遵循现代化发展规律作出的战略部署，是创中国艳农业农村现代化的内在要求，是根据当前城乡发展特征做出的科学抉择。厘清乡村振兴战略的科学内涵、总体要求、战略意义以及推进路线，有利于对乡村振兴战略以及农村发展愿景展开进一步研究。

一、乡村振兴战略提出的背景与内涵

（一）乡村振兴战略提出的背景

实施乡村振兴战略这一部署有着深刻的历史背景和现实依据，是从党和国家事业发展全局出发作出的一项重大战略决策。乡村振兴战略作为新时代“三农”工作的总抓手和重要遵循，是当前和今后一个时期乡村振兴规划编制工作的核心依据。

1. 我国“三农”发展取得的历史性成就

“三农”发展进程的良好态势是我国着眼经济社会发展全局，实现“两个一百年”奋斗目标，对“三农”工作进行全面部署和再动员的坚实基础。农村改革40年来，特别是党的十八大以来，我国农业、农村发展取得了历史性成就，实现了历史性变革。农业生产能力大幅提升，粮食产量比1978年翻了一番多，稳步保持在6000亿千克以上，肉、蛋、鱼、果、菜、茶产量稳居世界第一，解决了十几亿人口的温饱问题；农业现代化水平取得了长足进步，农业科技进步贡献率达到57.5%，主要农作物良种基本实现全覆盖，职业农民超过1500万人，

耕种收综合机械化水平超过66%；农村民生显著改善，农民收入比改革开放之初增长近100倍，超过1.3万元，贫困发生率由97.5%下降到3.1%，农村面貌焕然一新，社会更加和谐、繁荣。①

2. 我国“三农”发展仍然任重而道远

“三农”作为国之根本，“三农”工作重中之重的地位依然没有变。步入新时代，全面建成小康社会和全面建设社会主义现代化强国最艰巨、最繁重的任务在农村。随着我国农业、农村发展环境发生了巨大变化，“三农”工作面临的新挑战也与以往不同。我国“三农”仍然面临着发展滞后的严峻形势，农业领域正面临着农产品供应过剩和供应不足的双重挑战，因此需要加强农业供给质量的提升；农民收入增长缓慢，结构性矛盾突出；由于农民在适应生产力发展以及市场竞争方面的能力比较欠缺，因此迫切需要加强高素质农民队伍的建设；农村经济结构战略性调整进展缓慢，城乡差距进一步拉大；在农村地区，基础设施和民生领域的欠缺问题十分突出，同时农村环境和生态问题也十分突出，所以迫切需要提升整个乡村的发展水平；在农村基层党建中，存在着一些薄弱的环节，需要加强乡村治理体系和治理能力。乡村振兴战略正是基于解决上述问题而提出的，为“三农”发展指明了方向。

3. 我国“三农”发展迎来历史性节点

党的十八大以来，中央坚持把农业、农村、农民问题置于关系国计民生的战略高度和核心地位，统筹工农城乡，着力强农、惠农，系统分析新时代我国社会主要矛盾转化在农业领域、农村地区和农民群体中的具体体现，在决胜全面建成小康社会和开启全面建设社会主义现代化国家新征程的全局中进行系统设计，引入新思想、新手段和新平台，为整个乡村发展勾画出了一幅清晰可见、努力可达的美好蓝图。从经济社会发展趋势看，我国经济发展模式已经转向更加注重质量和生态的节约与集约型增长方式，“绿水青山就是金山银山”的理念深入人心。产业重构、消费升级成为乡村振兴战略的市场支撑，城市农产品食品消费对安全、品质、特色的追求越来越凸显，为绿色生态农业的发展打开了市场空间。工商资

① 新中国成立70周年农业成就——新中国成立70年来粮食生产情况[EB/OL].(2019-09-14)[2023-03-21].https://baijiahao.baidu.com/s?id=1644286804780606268&wfr=spider&for=pc

本向农业、农村流动的规模在不断加大，农村创新创业蔚然成风。

从“三农”视角来看，20 世纪 70 年代末，农村改革发端，历经 40 年变迁，乡村生产生活、生态都发生了深刻变化。“三农”建设和发展迎来了最为有利的历史阶段，必须抓住机遇，科学谋划设计，以规划为引领，抓铁留痕，努力实现乡村振兴的美好蓝图。

（二）乡村振兴战略的科学内涵

1. 准确把握乡村振兴战略和城市化战略的关系

解决中国城乡发展不平衡与农村发展不充分的冲突和矛盾，需要采用乡村振兴战略，但这并不代表着放缓城市化战略进程，更不意味着要用乡村振兴战略来替代城市化战略。在推进乡村振兴战略的过程当中，必须以一种巧妙的方式将其置于城乡融合和城乡一体的架构中，并以新型城市化战略为主要引领，打造美丽乡村，实现“以城带乡”“以工哺农”“城乡互促共进”等多个方面的融合发展，从而推动乡村振兴的实现。

中国乡村振兴战略的重心和使命不仅包括农村地区，还涵盖了农村以外的各个方面。推进乡村振兴，关键在于解决好“三农”问题，这一重大课题的核心在于如何统筹城乡经济一体化进程中的要素流动和资源有效配置。为了实现城乡人口的交互流动以及优化配置，需要不断拓展和延伸乡村振兴战略的目光和视野，一方面不仅要强调乡村内部的建设发展，还要注重体制机制的创新，另一方面也要高度重视对乡村振兴的外部环境优化和改善。推进城乡一体化发展，构建新型城镇化格局是当前我国实施乡村振兴战略的核心议题。考虑到中国城乡二元结构的社会保障以及财产权利双层二元特性，应该将城乡社会保障体制和农村集体产权制度作为三大联动改革的重点，具体而言就是城乡联动、区域联动和中央地方联动的深入改革，将其纳入乡村振兴的战略框架，成为推动和促进乡村振兴的基本动力。同时，通过完善农村集体经济组织制度，促进土地经营权流转等措施也可以有效推进乡村治理体系与治理能力的现代化。为了顺利实现乡村振兴与乡村现代化的战略目标，必须建立一套城乡一体化、城乡融合、城乡互促共进的体制机制，以有效消除城乡二元结构。

2. 准确把握中国乡村形态及其变化趋势

自 1978 年改革开放以来，中国工业化、城市化以及市场化呈现出快速发展的趋势，已有数亿名农村劳动力不断向城镇转移就业，同时村庄的数量也在持续性地减少，并且它们已经分化成多种不同类型。从人口聚集的趋势和人们的生活方式来看，能够将其大致归为三个主要类别。第一类是以城市为依托形成的现代化大城市周边的乡村地区，如城中村、镇中村等已被城镇化所覆盖或即将被覆盖，人口密集度较高，导致村民的生产和生活分离，因此空间人口不仅包括村民，还包括非村民，这类村庄一般都有一个比较好的经济条件和社会环境。第二种类型的中心村是自 2005 年国家开始实施新农村建设以来，由多个村庄经过不断地“撤扩并”最终形成的，这些村庄人口相对聚集，村民的生产和生活分离，有着较为健全的社区服务功能。第三种类型是传统村庄，人口聚集程度虽然不高，但是村民在生产和生活方面仍然保持着紧密的联系，没有出现分离的情况。毫无疑问，这些多样化的村庄类型，在乡村振兴的进程中将呈现出更加多样化的发展趋势，其中一些将快速融入城镇化进程并且成为城市不可或缺的一部分；有些城镇有潜力成为乡村社区的服务中心，或者成为全新的田园生态小城镇；有些村庄将继续保留原有风貌特色，保持相对稳定的状态；有些村庄，如因水土不均导致人口不足的空洞村或者贫困村，可能会随着人口的迁移或者村庄的合并逐渐消失；也有些村庄将因为经济转型升级或者产业结构调整等因素的影响，逐步演变为新农村建设试点区域或新型农村社会组织的示范基地。通过实施乡村振兴战略，大量的村庄将成为一个充满生机、生态宜居、精神文明、治理高效、生活富足的美丽家园，同时也将延续着人们对故土的怀念之情。

随着中国城市化和工业化的不断推进，乡村人口的分布在其影响下，从分散的自给型经济分布逐渐向相对集聚的市场型经济分布转变，从而引起乡村人口空间格局和分布的一系列变革。人口流动的加速以及产业结构调整带来的农业剩余劳动力转移，使得原本处于分散化经营状态下的村庄呈现出越来越明显的集中趋势。乡村的振兴与发展，除了需要城市化的科学、合理引领之外，还需要乡村人口在空间上的相对聚集以及优化分布，这是一个相互促进的过程，并且需要同时进行。在乡村振兴战略的实施过程中，乡村人口的空间分布和格局变化为“乡”与“村”之间的融合发展、优化配置，提供了具有创新性的重要空间。基于此，本书认为，要想使我国乡村振兴取得预期成效，必须首先解决好如何培育并壮大农村市场主体这一根本性问题，而不是简单地将其作为一项政策加以推进。在考虑到中国不同区域乡村的不同类型和发展实际的前提下，能将“村”或者“乡”作为基本载体来全面实施乡村振兴战略。就目前来看，我国大部分地区都已经具备了推进“乡”向“村”转变的基础和可能。在具备条件的乡村地区，可以通过改革和创新体制机制，探索一种新型的乡村治理结构，以“乡”为主导，以“乡”带“村”“乡”“村”共治和融合发展，深化改革与优化配置乡村组织、产业发展等多个方面，从而快速达到新型城镇化和乡村振兴深度融合的目标。

综上所述，中国的乡村振兴和城市化战略并非相互排斥的对立关系，而是一种相互渗透、相互促进的关系，彼此相辅相成。乡村是国家治理体系和社会管理创新的重要载体，也是城乡融合发展的重点区域。在中国乡村振兴的进程中，乡村将成为推动农业转移人口向市民化转型的重要力量，同时也是田园生态城镇的全新发展空间，更是城乡居民向往和追求美好生活的理想之地。

二、乡村振兴的内容及要求

（一）乡村振兴战略的内容

1. 坚持城乡均等发展理念，促进融合发展

落实乡村振兴战略，稳健地走城乡融合发展之路，必须将工业与农业、城市与乡村、城镇居民与农村居民作为一个整体纳入现代化建设的全过程中。要明确乡村在现代化建设中的突出地位，从根本上改变以工统农、以城统乡、以扩张城市减少农村、减少农民的发展路径，明确城乡融合发展是实施乡村振兴战略，推进农业、农村现代化的有效途径。进一步理顺工农城乡关系，建立完善的城乡融合发展体制机制和政策体系，以满足治理有效、产业兴旺等总要求，全面推动和促进乡村产业发展、生态优化等，着力完善“四化同步”战略实施路径，加强农村基层党组织建设。加速乡村治理体系与治理能力的现代化发展，优先考虑干部配备、要素配置、资金投入以及公共服务，以填补农业农村发展的短板，缩小城乡差距，实现城乡平衡、充分发展。

2. 完善农村基本经营制度，促进农民增收

中共中央确立的农村承包土地“三权”分置改革的制度基础，主要目的是维护农村土地承包关系的稳定性。只有将农户承包经营权切实落到地块上，进一步明确农户承包地权属，才能确保农民流转承包地的稳固性和利益预期的明确性，从而保障农户的流转和稳定。在当前我国经济社会发展中，要继续深化农村土地产权制度改革，建立以家庭为单位的适度规模经营机制，健全促进农业现代化的政策体系和法律保障体系，赋予农民长期而有保障的土地使用权。农村基本经营制度的巩固和完善，从某种程度来说是现代农业产业体系的重要基石，它的重要性不言而喻。坚持家庭联产承包责任制，就是要让农民在土地上有长期固定的收入来源，这是解决“三农”问题的关键。通过巩固与完善农村基本经营制度，我们能够推动和促进农业经营体制的持续创新，使农村新型经营主体规模得到不断扩大，加速实现农业经营方式的“双重转型”，具体而言就是从家庭经营逐渐向采用先进科技与生产手段的方向转变，加大技术、资本等生产要素的投入力度，致力于提升集约化水平。向农户联合与合作发展，构建多元化、多层次、多形式的经营服务体系，以实现统一经营的目标，同时必须处理好稳定家庭承包制和促进适度规模经营的关系，正确处理国家保护和农民自愿相结合问题。现如今，需要加强集体经济的实力，通过不同的方式提升集体组织的服务能力，培育新型的农民合作组织，推进各种农业社会化服务组织的发展，同时积极鼓励龙头企业和农民建立紧密的利益联结机制。在稳定家庭承包责任制基础上，继续深化农村土地承包经营权流转改革，促进土地适度规模经营，以充分尊重农民的意愿为前提，将小农户的经营模式，逐渐引入现代农业的规模化、集约化发展轨道中。

3. 深化供给侧结构性改革，促进质量兴农

绿色兴农不仅是质量兴农的有机组成部分，此外还涉及乡村居民的居住环境问题。在坚持以市场为取向的前提下，进一步发挥政府引导作用，推动现代农业高质量发展。农业的投入与资源等诸多要素，会对农产品质量产生直接影响，只有真正走上农业绿色发展之路，才可以促进乡村产业的繁荣，打造一个生态宜居的乡村。为了实现农业和农村发展的动能转换，需要加速推动和促进农业从增产导向向提质导向的转变，以确保农业质量得到提升。要顺应消费者对更高质量、更加安全和绿色生态农产品、食品的需求。必须加快构建优质优价机制，建立一

套激励机制，以促进优质绿色农产品的生产。推动和促进农业标准化生产，实现农产品的质量分级，加强品牌的塑造，克服市场信息不对称等弊端。

加速现代农业产业体系建设，推动农牧业循环发展的同时，努力促进农村新产业、新业态的进一步发展，促进农村第一、二、三产业的深度融合发展，从而确保优质绿色农产品在产业链与价值链中得到淋漓尽致的体现。要加大对特色高效种养模式的推广力度，引导农民走规模化生产与区域化布局相结合的道路。为了实现小农户与现代农业的有机衔接，需要采用多种途径，如社会化服务等，以便建立一个高质量的新型农业经营体系。一方面，加强政策引导，鼓励农民种植优质绿色农产品，提高市场竞争力，另一方面加强粮食收储的一系列改革，以确保国家粮食安全为底线，同时注重优质优价机制的充分发挥，为绿色优质农产品的全面发展，创造更广阔的空间以及环境，同时完善农产品市场体系，建立农产品批发市场、连锁超市、农超对接等新型流通方式。为促进优质绿色农产品的生产和流通，必须大力推进科技创新，为其提供必要的科技支撑。要加快构建现代农业产业技术支撑体系，提高农业现代化水平，只有在加强制度性供给、探索完善质量农业的体制机制和政策体系的前提下，才可以迈出实质性的步伐，走向质量农业的道路。

4. 坚持人与自然和谐共生，促进绿色发展

乡村的永续发展以自然资源的永续利用和良好的生态环境为基础。绿色发展能保护好、积蓄好、奠定好宜耕宜牧的土壤环境、宜饮宜灌的水体环境、宜呼宜吸的大气环境等，从而为农业永续发展提供不竭动力。实现乡村绿色发展，要着力构建绿色农业产业结构。根据市场需求推进农业结构调整，依靠科技引领推进农业转型升级，增加绿色优质农产品供给，逐步建立起增收效果好、环境效益高、可持续发展的产业结构体系。打造生态宜居乡村环境，加强农村突出环境问题综合整治，统筹山水林田湖草系统治理，以绿色发展引领生态振兴，重点解决土壤修复、污水治理、垃圾处理、旱厕改造等难题。充分发掘、创新性继承发展乡村传统绿色文化，建立绿色发展支持体系促进乡村绿色发展的补贴政策体系及市场化多元化生态补偿机制。做好宣传工作，引导更多人树立绿色发展理念，促进其自觉参与绿色发展实践。完善执法队伍，确保执法到位，营造良好的法治保障。

5. 传承发展提升农耕文明，促进文化繁荣

乡村振兴离不开文化振兴，传承乡土文化就是留住华夏文明之魂。要深化对乡村文化价值的认识与理解，增强对传统乡土文化的认同感和信心，让有形文化留得住、活态文化传下去，焕发新的魅力。要高度重视古村落保护，挖掘和展示其独有的文化内涵，在确保当地百姓的生活更加便利的同时，科学、合理地编制古村落保护发展规划，既要让有形的乡村文化留得住，还要让活态的乡土文化传下去。对广袤农村孕育出的民间艺术、戏曲曲艺、手工技艺等非物质文化遗产，要将大力保护传承和开发利用有机结合，实现活态传承和经济发展双赢，让历史悠久的乡土文化在新时代焕发出新的魅力和风采。要科学引导乡村移风易俗，坚持用农民易于接受的形式进行宣传，让文明新风成为乡风主流。坚持把老百姓身边的好故事、好榜样讲出来、演出来、唱出来，让新风尚在广阔乡村生根发芽。

6. 健全创新乡村治理体系，促进乡村善治

乡村善治与否关系到乡村的和谐稳定和国家的长治久安。随着工业化、城镇化步伐加快以及农村社会流动性的不断加大，部分农村已经出现了空心化状态，给乡村治理带来了新的挑战。为了给乡村振兴营造一个和谐、安宁的社会环境，要努力做到以自治实现乡村治理共建格局、以法治实现乡村治理共治格局、以德治实现乡村治理共享格局的“三治融合”。要切实解决好农民权益保护、农村空心化、农村基础设施和公共事业发展滞后、村民自治实践不够完善、乡村治理主体的参与度不高、“返乡族”作用的充分发挥等问题，就必须充分调动农民的积极性、主动性与创造性，发挥乡贤领头羊、带头人、中介与桥梁的作用。加强基层自治组织体系的制度建设和乡村党组织建设，强化党在乡村社会中执政的组织基础，积极引导村民自治，组织和调动相关道德权威人物的力量调解矛盾纠纷。创新村民自治的组织形式，鼓励乡村社会组织的发展，持续推进民主法治村、社的创建，通过发现典型、梳理经验，推动法治在基层落地生根、开花结果。创新村干部工作方式，不断增强其运用法治思维和法治方式开展工作的能力。积极发挥村规民约的区域性功能，引导村民在村规民约中体现法治的约束功能。加强村民个体的教育与培养，注重不良道德行为的惩戒，注重乡村道德人物的塑造与宣

扬，发挥其道德标杆和道德引领的作用，并给予其必要、适当的物质奖励和精神鼓励。

7. 凝心聚力实现精准脱贫，促进减贫脱贫

精准脱贫攻坚和乡村振兴战略都是我国为实现“两个一百年”奋斗目标确定的国家战略。当前是我国精准脱贫攻坚和乡村振兴战略实施并存和交汇的特殊时期。精准脱贫攻坚和乡村振兴战略相互支撑、协调推进，有利于“两个一百年”奋斗目标的实现。一方面，精准脱贫攻坚是我国当前减贫的主要任务和基本形式，与城乡融合发展、共同富裕、质量兴农、乡村绿色发展、乡村文化兴盛和乡村善治一起，共同构筑中国特色社会主义乡村振兴道路。另一方面，只有包括贫困乡村在内的全国农村共同实现了乡村振兴战略的目标和任务，我国乡村振兴战略规划才能够圆满完成。需要以乡村振兴战略的理念和举措助推精准脱贫攻坚。贫困地区乡村要根据精准脱贫攻坚的任务，结合自身条件，将乡村振兴战略的思想和原则融入具体的脱贫攻坚计划和行动之中，按照产业兴旺、生态宜居、精神文明的原则，安排贫困乡村的精准脱贫攻坚计划。

实行产业扶贫、就业扶贫、易地搬迁扶贫和生态环境保护脱贫等措施时，既要考虑各地实现短期脱贫目标的需要，也要考虑产业发展的资源、技术和市场条件，移民生计的长期安排，扶贫措施的环境友好性和建设精神文明社区文化的需要，提高脱贫的质量和可持续性。对各地区刚脱贫的乡村而言，乡村产业发展的基础仍然薄弱，基础设施和公共服务缺口较大，乡村治理体系和治理能力还比较弱，需要通过落实乡村振兴战略，补牢产业发展基础、改善基本公共服务、提高治理能力，巩固和扩大脱贫成果，避免返贫。

（二）乡村振兴战略的总体要求

1. 乡村振兴战略总体要求的内容阐释

乡村振兴战略在党的十九大报告中提出之后，就成为我国现代经济体系建设中的重要内容之一。作为推动乡村发展的重要驱动力，产业发展是乡村振兴战略中最基础的任务，同时也是最关键的任务之一。当前阶段，我国农村产业发展滞后，这一状况既显示出农村中农业问题的短板，也显示出农业后期发展的巨大潜力。乡村振兴战略作为当下推进农业现代化进程的关键，需要借助农业供给侧结

构性改革，优化农业结构，提高农产品质量，切实实现农业产业崛起。此外，将农村第一、二、三产业深度融合，不仅能够有效促进产业链的延伸，而且能够进一步促进经济的发展，是帮助农民促进就业、增加农民收入、维护农村稳定的有力措施。将产业发展作为乡村振兴战略的重点有其现实意义，乡村振兴战略的实施应以农业产业的发展为切入点，直趋深层。

第一，产业兴旺是乡村振兴战略的基础。提到产业兴旺，有乡村生活经验的人自然会联想到过春节时家家户户喜欢张贴的两个条幅："五谷丰登""六畜兴旺"，反映的正是乡村生产内容的丰富性和多样性。乡村的生产类型是丰富和多元的：有多样化的种植业、养殖业；有丰富多彩的乡村手工业；有大田的农业生产，还有房前屋后种瓜种豆的庭院经济；更有现代社会发展形成的乡村休闲度假等新兴产业。乡村产业的经营主体也是多元的：有以农户为主体的产业类型，也有以合作社、农业企业、外来资本为主体的产业。从农民自身需求出发，促进多种生产经营活动一并推进，是农村产业繁荣的重要特征。

第二，生态宜居是乡村振兴战略的关键。推进生态宜居的乡村发展是一个长期且持续的过程，并不能一蹴而就。生态文明建设作为支持现代化建设的重要组成部分，对农业、农村经济发展有重要影响。乡村振兴战略中生态宜居的需求是在长期生态文明建设工作的基础上所提出的新标准，生态代表着自然环境和社会环境的发展。在农村，良好的生态环境才能为产业的发展提供建设的基础，才能为农民群体提供更加宜居的生存环境，也能为文化等产业的开展提供自然资源等发展基础。

第三，精神文明是乡村振兴战略的保障。乡风代表乡村的特质，旨在推进乡村精神文明建设，同时我国农村地区传统文化很大程度上是乡土文化，需要社会各界共同努力来唤醒文明乡风。具体做法可以采取相关措施保护优秀的村风，既包括所在村落的物质文明，也包括非物质文明，而优良的村风不仅表现了村民的精神状态，更代表了独特的乡村风貌。除此之外，还应当通过社会主义文化建设，弘扬现代主流思想和良好精神品质，积极投身乡村振兴战略建设工作。

第四，治理有效是乡村振兴战略的基础。首先，任何社会都需要法律法规和道德规范，城乡差距的具体表现之一体现在乡村地区的治理情况相对落后，要实现乡村全面振兴离不开治理水平的提升。其次，乡村治理还应当注重效果，要注重政策、方针的贯彻与落实。此外，农民是农村的主体，还应当注重乡村自治，而乡村自治的过程同样也是协商的过程，在协商过程中应当注重公平、公正原则。乡村治理的目标是将乡村法治、乡村德治、乡村自治统一结合，从而形成“村村有村规，人人讲规矩”的乡村善治体系。只有这样才能实现乡村生活富裕这一乡村振兴战略的根本目标。

综上所述，乡村振兴战略的五大要求涵盖了乡村政治建设、乡村经济建设、乡村文化建设、乡村生态社会建设的有机整体，贯穿了乡村振兴战略的始终，描绘出了乡村全面振兴之后的美丽图景，是整个乡村振兴战略的核心。

2. 乡村振兴战略五大要求间的相互关系

我国的农业问题、农村问题和农民问题三者之间并不是个体、孤立地存在，而是互相联系的整体。要解决这些问题，需坚定三者协调、相互发展、共同进步的立场。当前的乡村振兴战略发展目标，应立足于全面推进农村发展，其五大要求紧密相连，乡村振兴战略的任一要求都与其他要求相互关联、相互影响。

首先，产业兴旺是乡村振兴建设中最重要的目标之一，其成功实现与农业供给侧结构性改革息息相关。在乡村建设中，只有坚持绿色农业、生态农业，保证农业的可持续发展，才能合理配置土地资源，改善农村生态环境，从而实现农村产业的多元化发展，推动农村生态建设。在此基础之上，人民群众精神需求也会日益增加，进一步推进精神文明建设，构建文明乡风，从而实现农村物质文明建设和农村精神文明建设共同进步，为农村实现生活富裕奠定基础。

其次，生态宜居是乡村振兴建设20字方针中的重要内容，其成功实现离不开乡村居住环境的改善。农村环境保护和农村资源开发，两者均应当受到相关部门的高度关注，特别是在自然资源占主导地位的地区，更应当注重自然资源的合理开发，将农村良好的资源优势转化为农村建设的发展优势。良好的农村生态环境是发展生态农业的前提，同时也是发展乡村旅游资源的重要形式。

总之，乡村振兴五大要求涉及乡村政治、经济、文化、社会及生态环境的方方面面，对整体乡村的转型升级有重要影响，在实施乡村振兴战略过程中要正确处理好五大要求的相互关系，共同致力于乡村全面振兴。

第二节 农村精神文明建设的概念

精神文明是人类在改造客观世界和主观世界的过程中所取得的精神成果的总和，是人类智慧、道德的进步状态。社会主义精神文明是人类精神文明发展的重要阶段，并且在社会主义建设和发展的过程当中具有十分重要的意义和作用。唯有在物质文明和精神文明的双重建设下，国家的物质与精神力量得到全面提升，全国各族人民的物质与精神生活均得到显著改善，方能顺利促进中国特色社会主义事业的向前推进。精神文明不是城市的独有产物，农村也是精神文明建设的重要场域。加强农村精神文明建设是农村物质文明、政治文明、社会文明、生态文明建设的必然要求，也是全面建设社会主义现代化国家的题中应有之义。加强农村精神文明建设，必须对农村精神文明建设进行深入研究，这也是制定新时代农村精神文明建设发展战略的基本前提。

一、文明与精神文明

“文明”是伴随着历史发展，在适应和改造客观世界过程中创造的符合人类精神追求能够被多数人认可和接受的有益成果的总和，一般包括物质文明和精神文明两个方面。与之相联系的文化概念，学界存在不同的观点。泰勒在其《原始文化》中将文化定义为人类在社会实践中所创造的物的总称。包括物质技术、社会规范和观念精神。他指出：“文化或文明是包括知识、信仰……获得的能力和习惯在内的复合整体。”[①] 在中国古代，“文化”一词的意思是“文治教化”，即用文明的精神实现移风易俗、教化天下的目的。也有学者认为，现在的文化决定于过去的文化，而未来的文化仅仅是现在文化潮流的继续。也就是说，文化是随着历史的发展由低级到高级渐进地持续发展的，其内涵也是不断深化和延展的。文化，就其本质而言，指的是不同地区、不同民族的人在实践中形成的相对稳定的价值范式和精神产品，反映了所处时代的物质生活水平和人民群众对精神层面的诉求。“文化”和“文明”是相近的概念，二者相互联系。

① 崔亚东．法治国家[M]．北京：人民出版社，2018．

文明是文化的实质内涵，文化是文明的外在表现形式，文明是文化产生的肥沃土壤，文化的发展又促进文明内涵的不断丰富，文明和文化都是人类精神和智慧的历史结晶。习近平总书记在党的十九大报告中深刻阐述了文化对国家兴旺、民族发展的重大作用，他指出："文化是一个国家、一个民族的灵魂。文化兴国运兴，文化强民族强。"①文化的发展体现了国家软实力和国家综合国力水平，而且在一定意义上还表现为社会精神文明的发展方向，精神文明的建设过程离不开文化的滋养。

"精神文明"是人类社会精神文化发展过程中产生的有益成果的总和。它既包括物质生产活动中产生的对历史发展起推动作用的精神财富，也包括人类主观世界所创造的促进人类进步的精神财富。精神文明关乎每个人的生存和发展，涉及社会生活的各个领域，并且随着时代的发展，其内涵的整体性、系统性、科学性也在不断完善。

第一，精神文明是社会发展的客观实化。精神文明是物质文明发展的客观反映。精神文明生产本质上是社会意识的生产，从根本上受物质生产和生活的制约，是物质文明在精神文明方面的一种观念体现。主要表现为三点：一是精神文明的发展是以物质生产发展为基础的。"仓廪实而知礼节，衣食足而知荣辱"，充分体现了物质文明对精神文明的决定性作用。二是精神文明生产是物质活动的结果。马克思曾说过："观念、思维、人们的精神交往在这里还是人们物质关系的直接产物……精神生产也是这样。"②三是精神文明生产一定要与物质生产相适应。马克思指出："如果物质生产本身不是从它的特殊的历史的形式来看，那就不可能理解与它相适应的精神生产的特征以及这两种生产的相互作用。"③精神文明生产是在一定的社会历史条件下进行的，所以一定的物质生产方式及经济发展水平，便可能造成特有的只与这种方式及水平相适应的精神文明，一旦这种物质条件发生变化，精神文明也会与之发生改变。

第二，精神文明具有相对独立性。恩格斯指出："历史过程中的决定性因素归根到底是现实生活的生产和再生产……但是对历史斗争的进程发生影响……还

① 本书编写组．中国共产党第十九次全国代表大会文件汇编[M]．北京：人民出版社，2017．
② 马克思，恩格斯．马克思恩格斯全集（第3卷）[M]．北京：人民出版社，1960．
③ 马克思，恩格斯．马克思恩格斯全集（第26卷）[M]．北京：人民出版社，1972．

有上层建筑的各种因素。"[①] 精神文明是上层建筑中先进、健康和积极的社会意识，本质上也属于上层建筑的范畴。精神文明或落后或超前于物质文明的发展，表明精神文明相对于物质文明具有独立性。例如，当代社会，物质文明极大丰富，但精神文明却滞后于物质文明的发展。春秋战国时期，思想领域出现"百家争鸣"的局面，精神文明超越了物质文明的发展。这种物质文明与精神文明暂时的"不平衡关系"充分体现了精神文明的相对独立性。

第三，精神文明具有时代性。精神文明有着自身发生的历史时间和社会空间。精神文明的时代性是指精神文明由于受到历史地理条件、生产力发展水平等的影响，在每个历史时期都有其独特性。相对独立形态的精神文明诞生于原始社会末期。恩格斯指出，手工业者对于从事本行业和做好这项专业还有一定的兴趣，这种兴趣可以达到原始艺术爱好的水平。这种"艺术爱好"推动了"真正的工业和艺术产生的时期"的到来。随着社会分工的发展，产生了专门从事精神文明生产的阶层——知识阶层，精神文明在这个时期真正得以成型。虽然奴隶社会时期的文明不免带有迷信色彩，但其中不乏积极的精神文明成果。当然，这个时期的精神文明就其整体性、系统性、科学性来说，仍处于初级的发展阶段。在封建社会中，尽管科学文化得到了相当程度的发展，但在本质上还是以维护剥削阶级的统治为目的的，具有鲜明的阶级性。近现代社会，由于生产力高度发展，人类精神文明进入新阶段，除了具有阶级性外，还具有精神文明的开放性、先进性和科学性，这是资本主义社会精神文明的典型特征。不过，资本主义社会的精神文明具有极大的局限性。只有进入没有剥削、没有压迫关系的社会主义社会，精神文明才能实现先进性与科学性的统一。只有将来实现了共产主义，人们才能得到自由而全面的发展。

第四，精神文明具有民族性。精神文明的民族性是指一个民族拥有的有别于其他民族的独特的文明成果。普列汉诺夫曾指出，一个民族的文化由其精神本性决定，其精神本性由该民族境况造成，而它的境况归根到底是受生产力状况和它的生产关系所制约的。由此看来，由各个民族经济发展状况不同而造成了其思想政治生活的差异，又产生了各民族精神文明发展程度的不同，从而使各民族的文明成果具有鲜明的地区特征。

---

① 马克思，恩格斯．马克思恩格斯全集（第37卷）[M]．北京：人民出版社，1971．

第五，精神文明具有继承性。人类文明的发展具有历史继承性和连续性。精神文明的继承性是指在文明发展连续性的基础上，批判地继承传统文化，并对其进行创新和发展，使之符合时代发展的需要。列宁认为，无产阶级文化应当是人类在资本主义社会、地主社会和官僚社会压迫下创造出来的全部知识合乎规律的发展。恩格斯说过，没有希腊文化和罗马帝国所奠定的基础，也就没有现代的欧洲。由此可见，每个民族、每个阶段的文明都是对过去既有文明的继承和发展，而非空想或杜撰。习近平总书记指出："不忘本来才能开辟未来，善于继承才能更好创新"。① 这深刻阐述了优秀传统文化是一个国家、一个民族传承和发展的根本，如果丢掉了，就割断了精神命脉，中华优秀传统文化对精神文明发展的价值与意义不言而喻。这要求精神文明应当根据当代现实特点，结合自身的历史发展特征，对优秀的历史文化进行创新性传承，形成满足人民需求的独特精神文明成果。

二、农村精神文明

农村与城市同属"社会"范畴。与城市相比，农村是指以从事农业生产为主的劳动人民群体居住的地方，即农民聚居地、乡村。农村人口稀少，居住分散，多以家族聚居，地理相对闭塞，交通、通信不便，经济文化相对落后，科教卫生事业不够发达，受传统文化影响较深，地方乡风习俗较浓厚。

乡村是乡村文明的重要载体，乡村文明是中华文明的重要组成部分。文明在乡村的具体化、特殊化、乡土化就称为乡村文明。乡村文明包括乡村经济、政治、生态在内的综合文明体系。总的来说，乡村文明既包括物质文明，又包括精神文明。而农村精神文明是乡村文明的重要组成部分，包括农村思想道德和农村科学文化两个方面。农村精神文明是乡村文明的重要标志，乡村文明程度高，农村精神文明程度也不会低。农村精神文明建设既要传承和发扬优秀的乡村文明，又要紧跟时代需求的步伐，创新发展新时代具有农村特色的精神文明。这就要求我们在农村精神文明建设过程中，既要抓住文明的普遍特征，还要注意农村文明的独特性。

一是乡村文明的地域性。"十里不同风，百里不同俗"，与城市相比，乡村文

① 中共中央宣传部．习近平总书记系列重要讲话读本[M]．北京：学习出版社，2016．

明具有更为鲜明的地域性。乡村文明的地域性主要是由自然环境、历史条件、经济政治等各个方面的地域性差异造成的。自然环境是乡村文化诞生的肥沃土壤，历史条件是深厚根基，政治经济在促进农村精神文明发展的同时，使其更具备地方特色。

二是乡村文明的多样性。农村精神文明建设必须坚持以马克思主义、毛泽东思想、邓小平理论、“三个代表”重要思想、科学发展观、习近平新时代中国特色社会主义思想为指导，这种价值导向上的一元性不可动摇。同时，乡村文明是具有多样性的。乡村文明的多样性是由文化的多样性决定的。联合国教科文组织在《世界文化多样性宣言》中指出，文化多样性是文化在不同时代和不同的地方具有各种不同的表现形式。这种多样性，在表现形式上，就是文化形式和风格的多样性、文学艺术种类和品位的多样性、创作主题和题材的多样性、审美情趣的多样性。在文化的多元性与价值导向的一元性关系上，列宁曾指出：“多样性不但不会破坏在主要的、根本的、本质的问题上的统一，反而会保证这种统一。”①

三是乡村文明的实践性。文化是为经济和社会生活服务的，新农村文化建设应当而且必须适应农村市场经济发展的需要，服务于农村社会生活。邓小平曾强调，学马列“要精要管用”，这就要求我们坚持与“时”俱进和与“实”俱进，文化建设既要与时代同行，满足新时代社会的需求，又要做到理论与实践相统一，把文化建设同国家经济、政治、社会等各方面的实际需求紧密结合起来。

三、农村精神文明建设概念解析

农民精神文明建设包括农村思想道德建设和农村科学文化建设两个方面。思想建设包括树立科学的世界观、价值观、道德观等，文化建设包括教育、科学、文艺等各项文化活动的开展以及人民群众文化水平的提高。

（一）农村精神文明建设的基本内容

随着社会的不断发展，农村精神文明建设的内容也在逐步深化，映射出我国每个时期对社会风气的不同要求，是我国农村社会总体精神面貌的体现。农村精

① 列宁．列宁全集（第33卷）[M]．北京：人民出版社，1985．

神文明建设的终极目标在于培养一代具备理想信念、道德操守、文化素养和纪律观念的现代化新型农民，这是在全面建成小康社会决胜阶段提出的重大战略要求。我国精神文明建设的目标得到了中国共产党第十四届中央委员会第六次会议公报的回应，该公报从理想信念、公民素质等多个方面进行了探讨，不仅体现出我党对当前农村精神文明建设问题认识上的深化和升华，还反映了新形势下广大农民群众在生产劳动实践中对物质文明、政治文明和精神文明提出的更高要求。自党的十八大以来，中国特色社会主义迈入了全新的发展时期，人民的生活方式、生产方式和认知能力也随之发生了翻天覆地的变化，相应的农村精神文明建设目标和任务也发生了巨大的变化。

在农村，推进精神文明建设是一项旨在滋润和凝聚人心的重要工作，需要持之以恒地努力，不遗余力地付出。坚持党在农村基层的领导地位，不断提高农村基层党组织的凝聚力战斗力，夯实农村精神文明建设基础。加强农村在思想道德方面的建设，大力弘扬与践行社会主义核心价值观，推进农村思想政治工作，将激发农民群众的精神风貌作为目标。创新宣传形式，提升新时期乡村治理能力，同时创新载体方式，丰富农民精神生活，让农民在生产生活实践中感受到文明和谐的正能量。为了培养农村社会的良好风尚，需要组织和举办多样化的群众文化活动，以丰富其形式和内容。为了普及科学知识，促进农村社会风气的转变，需要摒弃以前传统的陈规陋习，如高价彩礼、人情攀比等，并且坚决反对迷信活动。培育新型农民，增强其科学文化素质和综合素质，提升乡村治理能力和水平，推进乡村文明建设，倡导良好家风和淳朴民风的培育。加强农村精神文明建设，弘扬社会主义核心价值观，培育积极健康向上的新时代农民新风貌。加强对农村青少年教育与精神文化生活的关注，不断完善相关工作的措施，增加资源的投入力度，以推动他们的全面健康成长。

习近平总书记关于农村精神文明建设的重要论述为加强农村精神文明建设提供了指导路径。一是加强思想道德建设，弘扬和践行社会主义核心价值观。加强社会公德、职业道德、家庭美德、个人品德教育，开展道德模范、身边好人、最美人物等先进典型选树，开展文明村镇、文明家庭创建，引导激励村民崇德向善。广泛宣传社会主义核心价值观，采取农民群众乐于接受的方式，推动社会主义核心价值观融入群众生产生活实践中。建立新时代文明实践中心（所、站），做好群众思想教育工作，开展文明实践志愿服务活动。

二是开展形式多样的群众文化活动，孕育农村社会好风尚。开展丰富多彩的群众文化活动，建立完善乡村公共文化服务体系，推进文化下乡。传承中华传统美德，开展春节、元宵、端午等传统节日文化活动，涵养民族精神，增强文化自信。保护发展中华优秀农耕文化，传承乡村文脉，建立乡史馆、村史馆等，弘扬具有地方特色和时代精神的乡村文化，保护乡村物质和非物质文化遗产。

三是普及科学知识，推进农村移风易俗。培育文明餐桌、文明交通等文明风尚，倡导文明健康绿色环保生活方式。弘扬科学精神，普及科学知识，提升群众科学素养和健康素质。加强村规民约教育实践，发挥红白理事会、道德评议会、村民议事会等群众组织作用，推进婚丧改革、殡葬改革，摒弃陈规陋习。

四是注重农村青少年教育问题和精神文化生活。面向广大农村中小学生和学龄前儿童开展道德培育、文体娱乐、劳动实践等活动，建好用好乡村学校少年宫、乡村复兴少年宫等活动阵地，引导农村少年儿童培养美好心灵、陶冶高尚情操、提高综合素质，形成良好的思想品德、行为习惯和生活方式。开展文明校园创建活动，广泛选树新时代好少年等青少年先进典型，促进青少年积极健康成长。

（二）农村精神文明建设的基本原则

1. 尊重农民主体地位

《中共中央国务院关于实施乡村振兴战略的意见》中提出，要充分尊重农民意愿，切实发挥农民在乡村振兴中的主体作用，调动亿万农民的积极性、主动性、创造性。要充分尊重农民在农村精神文明建设中的主体地位，积极引导农民加深对精神文明建设的认识，形成“主人翁”的意识和自觉，自愿参与到精神文明建设中来。在此过程中得到感化，循序渐进，不断提升思想道德和综合素养。同时，农村精神文明建设要把工作重心放在解决农民问题上来，从每一件农民关心关注的小事、烦事、实事入手，解决农民群众生产生活实际中的难点和痛点问题，不搞形式主义，不搞面子工程，杜绝官僚主义，才能使广大农民高兴满意，全面发挥农民的主体力量。

2. 以核心价值观为引领

习近平总书记指出，核心价值观是一个民族赖以维系的精神纽带，是一个国家共同的思想道德基础。如果没有共同的核心价值观，一个民族、一个国家就会魂无定所、行无依归。乡村振兴需要广大农民群众的精神文明作为支撑，而精神文明建设离不开社会主义核心价值观的引领。党和国家对农村公共文化事业的发展和农民精神文化生活越来越重视，但是城乡差距依然明显，农民的弱势地位没有得到有效改善。在面对复杂多样的城市环境时，农民的思想观念受到了前所未有的冲击，出现了崇尚物质、享乐主义、盲目攀比等现象。因此，重塑农民社会主义核心价值观，破除封建迷信思想和不良习俗，提升精神品质追求，增强对核心主义价值观的认同感迫在眉睫。

3. 联系实际因地制宜

习近平总书记强调，乡村建设是为农民而建，必须真正把好事办好、把实事办实。不同的乡村，有着不同的历史文化特色和人文风貌，也存在着不同的文明短板。在农村精神文明建设的过程中，不能生搬硬套、千篇一律，也不能盲目开展、搞“一刀切”，方式方法要注重差异性，立足实际。只有坚持因地制宜、整体规划，通过采取农民群众喜闻乐见的方式，从本地区的生产生活实践、干部群众思想基础、区域风俗习惯、历史文化传统等方面出发，去解决农村社会的突出问题，才能真正让农民群众的获得感、幸福感、安全感进一步增强，推动农村精神文明建设良序健康发展。

4. 审时度势创新载体

习近平总书记指出：“只有站在时代前沿，引领风气之先，精神文明建设才能发挥更大威力。”① 随着互联网的空前发展和自媒体的不断崛起，农村精神文明建设要审时度势、因势利导，丰富内容，改进方法，创新载体，使精神文明建设始终充满生机活力。2022 年中央一号文件《中共中央 国务院关于做好 2022 年全面推进乡村振兴重点工作的意见》中就对“创新农村精神文明建设有效平台载体”提出了明确要求：依托新时代文明实践中心、县级融媒体中心等平台开展对象化分众化宣传教育，探索统筹推动城乡精神文明融合发展的具体方式，等等。这就要求农村精神文明建设要紧跟时代发展，紧贴工作要求，不断推陈出新。

① 习近平．论党的宣传思想工作[M]. 北京：中央文献出版社，2020.

第三节　农村精神文明建设提出的时代背景

中国共产党一直致力于推进农村精神文明建设，将其作为全党工作重中之重。从新民主主义革命时期到社会主义现代化建设时期，党一直高度重视和关心农村文明建设，并取得了巨大成效。在苏区革命根据地，中国共产党率先探索了农村文化建设，为农村精神文明建设奠定了坚实的基础。为了巩固新生政权、促进经济建设，党及时加强了农村文化教育、思想教育和风气革新等方面的工作，以确保中华人民共和国的稳定和发展。自 1978 年改革开放以来，党始终坚持以物质与精神文明为双重抓手，努力促进社会主义文化的进一步发展，充分激发民族的精神力量，全面凝聚民族的凝聚力。进入世纪以来，我国经济社会快速发展，人民群众生活水平不断提升，对农村精神文明提出更高要求。随着新时代的到来，以习近平同志为核心的党中央坚定不移地勇往直前，促进农村精神文明建设迈入全面发展的新境界。当前我国社会主要矛盾，已经转化为人民日益增长的美好生活需要和不平衡不充分的发展之间的矛盾，这对农村精神文明建设提出了更高要求。其中，加强思想引领是基础，创新体制机制是关键，健全工作制度是保障，注重社会协同是动力。这些珍贵的实践经验，是中国共产党与人民一起努力创造的精神财富，需要全面总结，同时在新时代农村精神文明建设实践的过程当中不断坚持与发展，从而不断提升农村精神文明建设的广度、深度和力度。

一、中华人民共和国成立到改革开放时期

中国共产党历来重视农村精神文明建设。在中国共产党取得了全国政权后，以毛泽东同志为主要代表的中国共产党人意识到农村文化教育、思想教育、风气革新等工作的重要性和迫切性，为了巩固新生政权、发展经济建设，开始在全国范围内推进乡村文化改造。

首先，加强对农民思想政治教育的引导和推广。通过采取各种措施，将思想政治教育贯穿于农村经济建设全过程，促进农业合作化事业的发展，巩固新生政权。为了在全国范围内推进农业合作化运动，加强对农民的思想政治教育成为当时至关重要的任务。通过这些措施，使广大农民群众能够更加坚定走互助合作道

路的决心与信心。为确保合作社的生产计划顺利实施和推进，思想政治教育的主要目的在于加强社员的时事政治讲解和政策法令宣传，同时积极开展多样性的实践活动，培养社员的爱国与集体主义方面的意识，不断加强工农联盟的思想建设，持续提升社员的社会主义觉悟，并且努力克服传统小农和愚昧保守思想的束缚。农民群众的文化水平得到提升，同时他们的思想政治素养、国家意识等多个方面也得到显著提高。

其次，高度重视农民在文化教育方面所面临的问题和挑战。从 20 世纪 50 年代开始，推广速成识字法开展扫盲运动。在华北与东北的若干地区，还借助合作社与互助组的形式，举办了民校、冬学等具有丰富性的文化学习活动，以促进农民的广泛参与和学习，这些活动不仅使农民掌握了一定数量的知识技能，也提高了他们的思想觉悟，为革命事业培养了一批骨干人才，促进了农民思想改造工作的深入开展。除了推行扫盲运动外，为了实现科学化的农业生产，毛泽东呼吁各级政府不断加强对农民的科技教育，持续提高科技知识的普及程度，大力支持各地设立农具研究所，用于改善农村生产科技滞后的局面。

再次，着力革除不良风气，培育农村文明风貌。党中央采取有力措施，包括：破除封建迷信思想，通过报纸、书刊、图画、电影、广播等途径传递正向价值观以批判封建文化，通过依法取缔不法迷信组织、严惩封建道徒等手段打击封建迷信活动；颁布新婚姻法，从法律上确立一夫一妻制、婚姻自由、男女权利平等原则；积极推进禁毒、禁赌等，对涉事农民进行有益的宣传教育，引导农民戒除不良习惯；等等。通过一系列的社会改造活动，提升了农民文明素养，改善了社会治安，营造了良好社会风气为目标。

最后，加强农村公共文化设施的完备性。在致力于提升农民教育水平的同时，广泛推广农村有线广播网，增加农村文化活动场所的数量并且扩大其规模，为农民的文化生活注入丰富的内涵。

在社会主义革命与建设的初期阶段，中国共产党与国家对农村思想文化建设的理论、方针以及政策，就某程度而言奠定了农村精神文明建设的坚实基础。

二、改革开放与社会主义现代化建设时期

随着改革开放的推进，农村建设步入正轨，同时精神文明建设工作也重新被

列入重要议程之中。随着改革开放的推进，我国的精神文明建设进入了一个全新的历史时期，其发展的步伐显著加快。

党的十三届四中全会以后，以江泽民同志为主要代表的中国共产党人，不断推进农村精神文明建设工作，继承与发扬邓小平的社会主义精神文明建设理论，把农村精神文明建设摆在更加突出的地位，坚持“两手抓、两手都要硬”的政策方针，为赓续发展，再谱新篇。《关于1991年农业和农村工作的通知》决定，自1990年冬季起，分阶段、分批次地在农村广泛推广社会主义思想教育。按照党的十五届三中全会的精神，文化部制定并发布了《关于进一步加强农村文化建设的意见》，为实现农村文化建设的跨越世纪的发展目标，作出了更加具体和详细的部署与规划。农村的文化基础设施建设在这一时期加速推进，同时送文化下乡等一系列活动也为农村文化活动提供了更加丰富的内容与形式。此外，精神文明创建活动也逐渐增多，面向农村与农民的文艺创作也得到了相应的增加，农村文化建设队伍也得到壮大，从而促进了农民精神文明风貌的持续性向好。

2005年，党的第十六届五中全会提出了建设社会主义新农村的重大历史任务，首次提出了“乡风文明”概念并将其纳入了“十一五”规划，随后中央又下发了一系列有关加强社会主义精神文明建设的意见和通知。2006年，党的十六届六中全会通过了《中共中央关于构建社会主义和谐社会若干重大问题的决定》，首次提出了全面构建社会主义核心价值体系的目标，其中包括中国特色社会主义的共同理想、社会主义荣辱观等，充分体现了我党对农村文化建设重要性认识的进一步深化，为农村地区的思想建设提供了科学思想引领与正确方向指引，从而推动了社会风气的转变和新貌的培育。

自党的十七大以来，党中央提出了推进社会主义文化大发展和大繁荣的宏伟目标，持续增强国家文化软实力，政策的倾斜进一步促进了农村地区文化事业与产业的蓬勃发展。在这一过程中，我国农村居民文化素质有了明显提高，对自身素质也更加重视。在农村地区，文化和教育资源得到了丰富和优化，公共文化服务体系也得到相应的优化、完善与发展，从而满足了农民对健康文化生活的不同需求，使他们的文化素养与科学精神均得到较大幅度的提升，同时也推动了农村地区精神文明建设的快速发展。在2011年12月，中共中央办公厅和国务院联合发布了《关于进一步加强新形势下农村精神文明建设工作的意见》，其中明确提出要全面推进群众性精神文明创建活动和各种形式的群众文化活动，以扩大农村精神文明建设的领域和渠道，积极塑造全党全社会共同关注与支持农村精神文明建设的新格局。

三、中国特色社会主义进入新时代

随着新时代的到来，以习近平同志为核心的党中央，不断调整政策安排与规划设计，以全面提升精神文明建设的质量和效率，使其进入全面发展的新阶段。在中国共产党的领导下，农村精神文明建设呈现出更加鲜明的特征，即通过扎实地推进乡风文明建设，不断提升农村文明水平。改革开放以来，我国社会经济快速转型，城乡一体化进程加快，农民思想观念发生深刻变化，传统乡土文化逐渐消亡。党的十九大报告首次提出实施乡村振兴战略，其中强调了“乡风文明”建设的重要性。2020 年，农业农村部组织了全国村级“乡风文明建设”优秀典型案例的推荐工作，经过评选，选出了 21 个杰出的典型案例，同时广泛宣传与推介，将这些案例在乡风文明建设中的示范带动作用充分发挥出来。

自党的十八大以来，农村精神文明建设进入了蓬勃发展的快车道，中央文明委、中宣部等部门秉持着“三个美起来”的理念，具体而言就是致力于实现乡风民风、人居环境和文化生活的全面提升，并在此过程中取得了一系列崭新的成就与突破。一是在农村精神文明建设和发展的过程的当中打造具有创新性的平台和载体。借助新时代文明实践中心、县级融媒体中心等平台，以对象化和分众化的方式开展宣传教育，以大力弘扬与认真践行社会主义核心价值观为最终目标，同时利用广播影视传媒手段进行宣传，在全国范围内形成良好舆论氛围，推动乡村治理体系现代化进程。二是高度重视培养农民在综合方面的素养，如提升其思想道德、科学文化等方面的素养。三是强调开展内容丰富和形式多样的精神文明创建活动，如树立文明典型和道德模范、举办文明评选和先进表彰活动等，以使向上、向善以及向美的乡村正能量得到有效的凝聚。同时，加强对村民进行社会主义核心价值观和道德观念宣传教育、培养良好的乡风民风和村容村貌，营造浓厚的文化氛围。四是促进乡村文化和文艺的繁荣发展，一方面完善和优化乡村公共文化服务体系，使城乡基本公共服务均等化目标得以实现，保护与传承传统文化和乡土文化，积极鼓励文艺工作者深入农村创作更多优秀的文艺作品，提供高质量的文艺服务。另一方面，也要积极利用媒体手段提升农村影响力，扩大覆盖面，为广大人民群众喜闻乐见的文化和服务。五是用思想引领的方式促进移风易俗，借助思想宣传、组织教育等多种手段，科学合理引导农民摒弃落后的风俗习惯，抵制不良的社会风气等。注重对农民的法制教育、道德教育，培养社会主义核心价值观、树立正确人生观、道德观，从而形成良好社会氛围。六是积极推动和促进美丽乡村与平安乡村的全面建设，不仅要加强人居环境的治理和推动生态文明的进一步建设，还要加强对黑恶势力、黄赌毒以及其他刑事犯罪的打击力度，积极倡导健康向上的生活理念，增强农村居民幸福指数。

第四节　农村精神文明建设在乡村振兴中的地位和作用

当国家把大政方针转移到经济建设之后，城市的发展日新月异，城乡二元分化日趋严重，国家把加快农村经济建设列入议事日程当中，在推进农村发展经济的同时，把精神文化及乡风民约塑造也列为一项重要的工作。

一、精神文明建设是乡村振兴战略的核心内容

精神文明建设不仅是乡村文化建设的主要内容，也对乡村产业、乡村生态、乡村治理以及百姓生活富裕等产生重要影响。走中国特色社会主义乡村振兴道路，必须传承、发展和提升农耕文明，走乡村文化兴盛之路。秉持物质文明建设与精神文明建设相辅相成的理念，大力弘扬与践行社会主义核心价值观，不断加强对农村思想道德方面的建设，传承、发展以及有效提升农村优秀传统文化，切实加强农村公共文化的建设，积极开展与组织移风易俗行动，使农民精神风貌得到提升的同时，培育文明乡风、良好家风以及淳朴民风，从而使乡村社会文明水平得到较大幅度的提升。除此之外，加强对村民社会主义核心价值观和道德观念的宣传教育，培养良好的乡风民风和村容村貌，营造浓厚的文化氛围。乡村振兴的根基与保障在于精神文明，它是乡村建设的核心所在，也是其灵魂所在。

精神文明建设是乡村建设的长期任务，不是短期内可以完成的，更不可能一蹴而就；是实施乡村振兴战略的核心内容，也是难点所在，需要坚持不懈地努力。

长期以来，由于乡村建设存在重经济发展、轻文化建设的倾向，以致出现农村的文化建设与农村经济社会发展不相适应的现象。具体表现在精神文明建设没有得到足够的重视，一些地方村落共同体解体、干群关系紧张、邻里矛盾突出、诚信缺失、德孝文化削弱、守望相助传统消失，乡村增加了不和谐的音符，各种矛盾的积累甚至成为社会不稳定的因素。因此，精神文明建设既是乡村建设的重要内容，也是中国社会文明建设的重要基础。精神文明建设要把优秀传统文化和现代文化融为一体，潜移默化地渗透到乡村生产和社会生活方式中，并转变成人们的自觉行动，内化为人们的信仰和习惯。这就需要把精神文明建设作为一个系统工程长期坚持。

二、精神文明建设是美丽宜居乡村建设的重要保障

党的十九大提出了乡村振兴战略，明确要求新农村实现在产业兴旺、生态宜居等多个方面的建设与发展。

产业兴旺是乡村振兴的重点。应该坚持以质量为导向，以绿色为引导的农业发展战略，积极推进农业从增产导向向提质导向的转变，不断夯实农业生产能力的重要基础，充分保证国家粮食的安全，积极构建农村第一产业、第二产业以及第三产业深度融合发展的完整体系。此外，通过不同的方式努力培育新型农业经营主体，推动小农户与现代农业之间的有机衔接，加快“互联网＋现代农业”的发展，持续提高农业创新力、竞争力以及全要素生产率，从而快速实现从农业大国向农业强国的转型。

实现乡村振兴，必须注重营造宜居的生态环境，这也是关键所在。在新时代推进乡村建设中，应遵循自然规律和经济社会发展规律，加强农业绿色低碳发展，提升人居环境品质。农村的最大优势与宝贵财富在于拥有一个优美的生态系统，为其带来了无限的发展空间。为了促进乡村自然资本的快速增值，需要以尊重自然、顺应自然以及保护自然为前提，从而实现人民的富裕和生态美的完美统一。

文明乡风是确保乡村振兴发展必不可少的保障。需要同时注重物质与精神文明的发展，以提升农民的精神风貌为目标，积极培育文明乡风、良好家风和淳朴民风，从而使乡村社会的文明水平得到切实的提升。

乡村振兴的基础在于治理的有效性。为确保乡村社会充满活力以及和谐有序，

需要以夯实基层基础为固本之策，同时建立健全党委领导、政府负责、社会协同等多方参与的现代乡村社会治理体制，从而实现自治、法治与德治三方的有机结合。

生活富裕是乡村振兴的根本所在。在新时代推进乡村建设中，要坚持人人尽责和享有的理念，严格遵循抓重点、补“短板”的原则。具体而言，就是始终围绕着农民最关切、最直接以及最现实的利益问题，一年接着一年地持续推进，致力于将乡村打造成为一个幸福美丽的新家园。

精神文明与乡村产业互为因果、相互促进。产业兴旺是精神文明的物质前提，精神文明既为产业兴旺提供保障，也是产业兴旺的重要资源。文明乡风赋予农业和农产品以乡村文化内涵，可以提高农产品文化品牌，实现农业、文化、旅游的融合，成为有效增加农民收入、实现农民生活富裕的重要途径。精神文明与生态宜居的关系密切，生态宜居需要生态的生产方式与生活方式作保障，环境友好型的生产方式、低碳的生活方式以及生态信仰和习惯，都是实现生态宜居的重要条件。文明乡风与乡村治理的关系更为密切，有效的乡村治理，也是建设文明乡风的过程。充分利用文明乡风中的优秀传统文化，如家风、家训、村规民约、道德示范等，有助于构建自治、法治、德治的治理体系，提高乡村治理的有效性。精神文明建设渗透到乡村建设的各个方面，对建设产业兴旺、生态宜居、治理有效、生活富裕的乡村产生深远影响，它不仅是乡村振兴战略的重要组成部分，也是乡村振兴的重要保障。

2017 年 12 月，习近平在江苏徐州考察时指出：“实施乡村振兴战略要物质文明和精神文明一起抓，特别要注重提升农民精神风貌。”[①] 只有精神文明提高了，广大农民的生活才能更加稳定、和谐、幸福。因此，必须重视精神文明建设，采取多种方式和方法引导、教育农民，使农民逐步形成良好的生活、行为习惯和积极向上的精神风貌，营造出友爱互助的和睦村风，让文明乡风助力乡村振兴。

三、乡村精神文明在新时代具有全新的内涵

随着我国社会主要矛盾的转化，党和国家对乡村建设的要求更高，人民对美丽乡村建设充满期望。乡村精神文明不仅反映农民对美好生活的需要，也是实现

① 张孝德．乡村振兴探索创新典型案例[M]．北京：东方出版社，2022．

"两个一百年"奋斗目标和实现中华民族伟大复兴的中国梦的重要条件。

（一）新时代的乡风文明是传统与现代的融合

我们应当全面继承并弘扬尊老爱幼、诚实守信等优秀传统文化，同时融入和体现"五位一体"总体布局和新发展理念等新内容，以传承优秀的家风、村风为己任。党的十八大以来，习近平总书记多次强调，要传承和弘扬中华优秀传统文化。党中央高度重视中华优秀传统文化的保护和传承工作，强化了对文化遗产的保护力度。为了吸引观众亲近优秀传统文化，近几年，电视台等媒体播放了众多优秀的文化类节目和纪录片，并且在赢得观众的青睐之后，点燃了他们对传统文化的回顾和保护之火。其中，《国家宝藏》这档节目是中央电视台在 2017 年第四季度重磅推出的一档大型文博探索节目。立足于中华文化宝库资源，通过对一件件文物的梳理与总结，演绎文物背后的故事与历史，让更多的观众走进博物馆，在懂得如何欣赏文物之美的同时，也了解文物所承载的文明和中华文化延续的精神内核，唤起大众对文物保护、文明守护的重视。除此之外，《国家宝藏》还通过邀请有影响力的公众人物，作为"国宝守护人"讲述文物背后的故事，通过电视化语言的呈现让文物"活"起来，使文物不仅是一件博物馆中的陈列品，而是能够让观众感受到"生命"的文化传奇。当前，有很多的电影与动漫作品，以中国传统文化为蓝本，还有融入流行音乐和国画元素的时尚衍生品，正在以新的方式焕发新的生命力。这类蕴含着传统文化底蕴的创意正在和现实文化相互渗透，致力于推动传统文化的创新转化与繁荣发展。近年来，一些传统文化类原创影视和动漫产品已经开始在国际上崭露头角。

（二）新时代的乡村精神文明要实现乡村文化与城市文化的融合

我们不仅要体现传统民俗、风俗等乡村文化，也要让农民在村庄享受到现代城市文明。随着社会的进步和经济的发展，城市文化在整个文化体系中越来越处于主导状态，其具有接纳、融合、博采众长、高效快捷的特性，对社会行为的调控带有明显的优势性。乡村文化封闭、固化的特性影响了乡村发展，在城乡一体化进程中表现出明显的自信不足，乡村文化需要文化重构来适应时代的发展潮流。乡村文化需要吸收城市文化的特质，才能增加活力。

当然，乡村文化建设不是全面城市化，也不只是丰富传统农业文化。在新农村文化建设中，我们既要保持乡村文化特色，使乡村文化不断演进；又要借鉴、吸收、同化外来文化、城市文化，使乡村文化在冲突与整合、保持与变迁中不断获得新质，实现发展与创新，对建设社会主义新农村产生重要影响。

明月村，距离成都市区 90 千米，历史上是隋唐茶马古道和南方丝绸之路上的皈宁驿站。人们日出而作，日落而息，采茶、制陶，民风淳朴。明月村既是一个自然形成的古老村庄，也是一个经过科学规划、悉心打理的文创新乡村，这 6.78 平方千米的诗意田园，既保留了一贯的魏晋风度，又划分为文化中心、林盘民居创客院落、陶艺手工艺文创区、谌塝塝瓦窑山村民创业区、茶山竹海松林保护区等。与一些地方单纯吸引艺术家入驻不同，明月村引进的文创项目必须跟当地的农业、手工业相结合，明月村整体计划是引进成型项目 40 个左右，目前已经引进 36 个项目，其中，已经有 20 多个项目带动了当地村民的创业、就业。此外，明月村正在建立一个智慧旅游平台，艺术家的展示和交易、村民的创业项目、旅游预订系统等都接入这个平台。在这里，新村民与老村民和谐共融，当地村支“两委”和项目组共同定期举办农民夜校和明月讲堂。比如，“夏寂书苑”专注社区营造和自然教育的研究与实践，自 2016 年进入明月村后，不定期地与书馆合办“明月村自然课堂”“乐毛的家在明月村”系列讲座、绘本工作坊、情意自然分享会等教学活动，带着村民和孩子们穿行村中，了解村庄的发展，进一步认识家乡，了解日本、韩国、英国、德国的乡村建设。2013 年，项目启动，短短的几年时间，在一群城市文化人和艺术家以“新村民”的身份参与下，通过以艺术文创为载体进行整体乡村营造，目前已经逐步将文创产业、农业产业和旅居产业相串联，逐步形成了和谐共享的美丽乡村共同体。明月村如今已发生了凤凰涅槃般的转变，成为陶艺艺术气质浓郁的国际村——明月国际陶艺村。值得一提的是，明月村在经济快速发展的同时，不仅保持了农民固有的淳朴本性，同时还不断提升了他们的素养。明月村实现了乡村文化与城市文化的融合，可以说是一个艺术乡村的营造典型。

（三）新时代的文明乡风建设要体现中国文化与世界文化的融合

党的十八大以来，中华文化影响力不断扩大。随着国家文化软实力的不断增强，中国文化会走得更远，我们有足够的文化自信。中国乡村是文化宝库，蕴含着丰富的生态文明理念，乡村文化自信是中华文化自信的重要体现。中国文化走进世界舞台的例子有：陕西省户县（今鄠邑区）东韩村距西安市30千米，是一个具有鲜明特色文化的村落，曾被西安市旅游局授予“东韩农民画庄”的荣誉称号，保留了国家非物质文化遗产“农民画”。户县农民画诞生于20世纪50年代，在陕西的剪纸、壁画、年画、刺绣等汉族民间艺术的基础上演变而来，详尽而生动地记录了农村生产劳动的壮观场面和热烈活泼的节庆场景。从20世纪70年代开始，不断地提高、创新、升华、成熟，逐步走出户县，走向全国，走向世界，被视为中国农村文化建设的典型。①

在五千余年文明发展的过程当中中华民族孕育的中华优秀传统文化，在党和人民伟大斗争孕育的革命文化和社会主义先进文化，积淀着中华民族最深层次的丰富精神追求，同时也代表着中华民族特有精神标识。作为新时代的中国公民，应当持续加强全党、全国各族人民的精神力量，以弘扬社会主义核心价值观，宣传以爱国主义为核心的民族精神和以改革创新为核心的时代精神为目标。我们相信，中国的精神文明建设在吸纳世界文明成果的同时，也必将为世界文明提供中国智慧，作出中国贡献。

四、农村精神文明建设的其他方面价值

（一）农村精神文明建设具有重要的理论意义

首先，有利于丰富精神文明建设理论。如果梳理一下近年农民思想政治教育的研究我们也可以发现，与其他群体相比其相关研究比重偏少，高质量的成果也不多。农村精神文明建设的重点是加强做好农民的思想政治工作，农村精神文明建设，最根本的是要加强对农民的思想教育。因此，本书作为从理论上梳理农村精神文明建设的相关研究的尝试，是对目前研究的丰富和补充。其次，有利于完善思想政治教育学术版图。思想政治教育实践伴随着阶级与国家的出现而产生，以不同的性质和形态存在于社会发展的不同阶段。对这种教育实践活动，不同时代不同学者从不同角度作了总结和梳理。无产阶级政党实现了思想政治教育实践的划时代意义的变革，形成了丰富的思想政治教育的理论成果。为了落实中共中

① 原晨，蔡嘉敏，贾超．中国传统文化走向世界——以户县东韩村农民画为例[J]．现代交际，2017（16）．

央批转的《国营企业职工思想政治工作纲要（试行）》中“努力造就一大批思想政治工作能手，一大批精通思想政治工作的专家”的要求，1984年召开的全国高等学校思想政治工作会议提出，有条件的大专院校增设政治工作专业。为此，进一步组织专家论证，确定专业名称为“思想政治教育专业”，实现了思想政治教育专业与思想政治教育学科的创办。由此，思想政治教育的主干理论和分支学科的研究不断深入，其中既有基础理论的研究，也有应用性的研究。农民教育问题始终是思想政治教育的重要“关键词”，农民思想政治教育的研究有利于完善和丰富思想政治教育的学术版图。

（二）农村精神文明建设研究有重要的现实意义

首先，农村精神文明建设是新时代乡村振兴战略的重要内容。经过长期努力，中国特色社会主义进入了新时代，新时代农村思想政治教育也面对新的议题。《乡村振兴战略规划（2018—2022年）》对新时代农村思想政治教育作出了全面部署，指出要持续推进农村精神文明建设，提升农民精神风貌，倡导科学文明生活，不断提高乡村社会文明程度。同时，从政治教育、思想教育和道德教育等三个方面提出了具体要求：一是践行社会主义核心价值观。坚持教育引导、实践养成、制度保障三管齐下，采取符合农村特点的方式方法和载体，深化中国特色社会主义和中国梦宣传教育，大力弘扬民族精神和时代精神。二是巩固农村思想文化阵地。推动基层党组织、基层单位、农村社区有针对性地加强农村群众性思想政治工作。三是倡导诚信道德风尚。深入实施公民道德建设工程，推进社会公德、职业道德、家庭美德、个人品德建设。“乡土中国不仅是地理意义的农村，而且是整个中国社会文化基本特性。”[①] 换句话说，农村精神文明建设、农民思想政治教育的研究可以在一定程度上关照精神文明建设的整体。

其次，农村精神文明建设可以发挥凝聚共识、提高思想觉悟、提供精神动力等重要作用，为新时代乡村振兴提供精神动力。当前，许多农民对自己的身份不是很认同，由于城乡之间的差距在不断地扩大，农民的弱势地位在不断加重，因而农民对于自身身份难以有一个积极的认同。同时，农村仍然存在许多不良风气，农民素质面临现代化问题。当前农村存在的主要问题不是农民收入太低、劳动太

① 梁鸿．中国在梁庄[M]．南京：江苏人民出版社，2010．

重，而是消费不合理，闲暇无意义，是社会关系的失衡，是基本价值的失准，是文化的失调。这些问题表现出来林林总总，如人情泛滥、彩礼横行、无序竞争、道德滑波、离婚率高、不理性消费等。要让农村更好地构成中国现代化的稳定器与蓄水池，就需要不断提升农民的素质。农村精神文明建设有利于提升农民精神风貌，有利于形成科学文明生活，有利于不断提高乡村社会文明程度。

第二章　农村精神文明建设的实践与现状

第一节　农村精神文明建设的历程

一、农村精神文明与乡村文明的关系

乡村振兴，既要塑形，也要铸魂。加强农村精神文明建设，是全面推进乡村振兴的重要内容。因此，应该不断加强社会主义精神文明的建设，进一步深化农村在思想道德方面的建设，大力弘扬与践行社会主义核心价值观，全面推广科学的知识，从而促进农村风气的转变，促进文明乡风、优良家风和淳朴民风的真正形成。

在农村精神文明建设中，要培育文明乡风。建设新农村，树立新风尚，是农村精神文明建设的迫切需要。乡风文明是新农村建设的直接要求，也是一种无形的力量。它要求的是精神层面的境界，反映的是农村人与人之间的和谐关系。乡风文明建设就要把好习俗、好习惯、好风尚让广大农民接受并实践。乡风文明的培育是一个长期的过程。要注意从乡规民约入手，通过约定俗成和农民普遍认同的乡规民约来规范村民的行为，形成乡风。各乡镇、村要从当地的历史、文化、传统、风尚出发，制定出被群众普遍认同的乡规民约，使农民在乡规民约的约束中，潜移默化地受到教育、得到提高，形成自身的文明乡风。

在乡村的精神文明建设中，乡风文明扮演着至关重要的角色，它贯穿于整个建设过程中。在社会主义新时期，乡风文明与农村物质文明和政治文明一样都具有重要地位。

二、新农村乡风文明建设的历程

新农村或者新村并非一项新兴的术语。在马克思之前，莫尔、欧文等人为了

消除和降低阶级差异，消弭工农城乡与脑力体力劳动之间存在的巨大差异，相继发起了以农村为重要基地的新村运动。新村运动之所以得名，是因为它以农村为中心，将农村作为其发展的核心，这就是社会主义思想萌芽中最早出现的一种新形式，虽然被归类为新村运动，就本质而言是人类追求理想社会的一次伟大探索。虽然因为过于超前未能成功，但却为我们描绘了一个充满希望的未来。

自中华人民共和国成立以来，新农村这一术语被广泛使用，将其称为社会主义新农村。新农村实际上蕴含着双重意义：一方面是我们所处的现实，另一方面则是我们的理想。前者是我们现在生活在这个时代，自中华人民共和国成立以来，我们的农村已经脱胎换骨，焕发出了社会主义新农村的生机和活力。后者是我们所追求一种理想状态。理想就是让农民过上富裕的生活，让农业生产现代化和工业化。乡村长期发展滞后，跟不上时代的步伐，因此在不同的历史时期，都会追求同样的目标，致力于打造一个全新的乡村。然而，新农村的具体概念是什么？新在哪里？总是不断地经历着变革和更新，不断涌现出新的面貌。

实际上，回顾全球农村发展的历程，不难发现，在欧洲等多个国家，都曾掀起过新农村建设的浪潮。我国也不例外，从中华人民共和国成立初期到现在已经进行过多次大规模的社会主义改造和社会主义建设活动，但至今仍未摆脱传统的小农经济模式。在 20 世纪 50 年代初期，随着战后工业的复兴以及高速发展，欧洲各国城乡之间的差距不断扩大，引发了社会的不安情绪，因此各国政府相继颁布了新的农业法规，用于解决城乡之间的冲突和矛盾，其中最重要的就是制订有关新农村建设的法律法规。最早的是 1951 年瑞士颁布的《农业法》，之后有 1955 年德国颁布的《农业法》，1960 年法国颁布的《关于农业发展方向的法律》。以上颁布和实施的法律以公平、正义以及人权、人道的原则为具体指导，针对全球经济发展中工农与城乡之间的差异，制定了一系列法律准则和目标，这些准则与目标将成为新农村建设运动的基本原则，也是新农村建设的核心内涵。简单来说，其本质就是让农民拥有同其他职业一样的就业机会，同样的工作条件和待遇，确保农业经营者以及从事农业工资工作的劳动者，能够获得与其他职业就业者同等的经济回报。

日本造村运动始于 20 世纪 70 年代，其主要做法包括培育各具优势的产业基地，增加产品的附加值促进产品的生产流通，开展多元化的农民教育，创设合理的融资制度，促进农村文化建设等。经过 20 多年的发展，造村运动取得了巨大的成效，其主要表现在：基本消灭了城乡差别，增加了农民收入，刺激了农村多元化的消费，运动的内容由农业扩展到整个生活层面，运动的地域也由农村延伸到城市。

韩国在 20 世纪 60 年代的工业化、城市化以及现代化发展的过程当中，工农业、城乡与地区的发展表现出严重的不平衡状态，其中尤为突出的是“三农”问题。为此，韩国政府大刀阔斧地组织实施了“新村运动”。通过“新村运动”，韩国仅用 30 年的时间就走完了西方国家近百年才完成的工业化道路，从此步入了农业现代化和农村城市化的发展轨道，其经济建设成就被世人誉为“汉江奇迹”。相形之下，我国的工业化、城市化和现代化建设面临的诸多问题与当时韩国所遇到的社会问题有很多相似之处。因此，韩国“新村运动”的发起历程、主要内容以及经验教训等无疑为我国建设社会主义新农村提供了一些有益的启示。

改革开放以来，随着我国国民经济持续快速发展，人民生活水平不断提高。2005 年，我国人民生活水平总体上达到小康水平，经济社会发展态势良好。但仍存在农民人均纯收入增长远远落后于城市人均可支配收入增长，以及农村文化、科技、教育、卫生、体育等事业远远落后于城市问题。根据这样的情况，党的十六大明确提出了解决“三农”问题，必须统筹城乡经济社会发展。党的十六届三中全会通过的《中共中央关于完善社会主义市场经济体制若干问题的决定》中首次提出了坚持以人为本，全面、协调、可持续的科学发展观，并将之具体化为“五个统筹”，并将“统筹城乡发展”放在“五个统筹”之首。这标志着协调城乡间的发展得到了党和政府的高度重视。在工业化初期，农业对工业的支持和积累是一种具有广泛适用性的趋势，这一趋势在一些工业化国家的发展历程中得到了充分体现。当工业化达到一定水平后，农业支持工业，使其成为工业发展的重要基础和支撑力量，是带有根本性的趋向。随着工业化程度的不断提高，工业对农业的回馈和城市对农村的支持已经成为一种普遍趋势，从而实现了工业和农业、城市和农村的协调有序发展。

“两个趋向”的重要论断，是对工业化国家发展经验的精辟概括，也从全局和战略高度提出了新阶段解决我国“三农”问题的指导思想，为我国在新形势下形成工业反哺农业、城市支持农村的机制定下了基调。党的十六届五中全会通过的《中共中央关于制定国民经济和社会发展第十一个五年规划的建议》提出了建设社会主义新农村总要求："生产发展、生活宽裕、乡风文明、村容整洁、管理民主"，第一次提出"乡风文明"这一概念。从社会主义新农村建设的基本内涵来看，"生产发展"是建设新农村的物质条件，"生活宽裕"是建设新农村的具体体现，"乡风文明"的主旨就是要在农村形成文明健康的精神风貌，"村容整洁"是建设新农村的环境要求，"管理民主"是建设新农村的体制保障。它们相互联系、相互制约，共同构成了社会主义新农村建设的有机整体。所以说，社会主义新农村建设体现了经济建设、政治建设、文化建设、社会建设"四位一体"的要求，是一个综合概念。乡风文明是建设社会主义新农村的一个不可或缺的组成部分。

党的十七届三中全会指出，"坚持用社会主义先进文化占领农村阵地，满足农民日益增长的精神文化需求，提高农民思想道德素质。扎实开展社会主义核心价值体系建设，坚持用中国特色社会主义理论体系武装农村党员、教育农民群众，引导农民牢固树立爱国主义、集体主义、社会主义思想"，"广泛开展文明村镇、文明集市、文明户、志愿服务等群众性精神文明创建活动，倡导农民崇尚科学、诚信守法、抵制迷信、移风易俗，遵守公民基本道德规范，养成健康文明生活方式，形成男女平等、尊老爱幼、邻里和睦、勤劳致富、扶贫济困的社会风尚"①。这对乡风文明建设提出了更具体的要求，尤其是"扶贫济困"的提出，体现了科学发展观指导下农村经济社会发展"以人为本"的核心，是乡风文明建设中蕴含的对人的精神要求的提升。

党的十八大报告提出，努力建设美丽中国。美丽乡村是美丽中国的重要内容，中国要美，农村必须美。建设美丽乡村，不仅是富裕和洁净，乡风文明、邻里和谐、彬彬有礼，才是宜居乡村。党的十八大以来，习近平总书记多次强调"美丽乡村"建设的重要思想。从发展实际观察，农业是"四化"同步发展的"短板"，农村是城乡经济体系的薄弱环节，农业农村发展是全面建成小康社会的重点和难点。

2016年，我国农民收入从1978年的134元增长到12363元，但城乡居民收入差距仍然较大，收入比仍高达2.72：1，加快提高农村居民收入，尤其是实现4300多万农村贫困人口真脱贫、脱真贫，仍然是一项艰巨的任务。党的十九大报

---

① 本书编写组．党的十七届三中全会精神学习读本[M]．北京：研究出版社，2008.

告提出了实施乡村振兴战略的总要求，是新时期做好“三农”工作的重要遵循。乡村振兴战略的实施，体现了党中央始终把解决好“三农”问题作为全党工作的重中之重，必将为我国农业农村的发展注入强大的动力。

党的二十大报告要求“全面推进乡村振兴。”乡村振兴是一项全面的振兴计划，涵盖了人才、产业等多个方面，旨在实现农业农村现代化，始终坚持农业农村优先发展的总方针，要求实现乡风文明、产业兴旺等目标，同时综合调研之后建立健全城乡融合发展的政策体系以及体制机制。我国传统文明的发源地在农村，这片土地上孕育着乡土文化，城市与乡村文化的共生共存实际上是城乡融合的核心所在，同时也是对乡村价值的肯定和认同。为了全面实施乡村振兴战略，必须招募一大批新村民，他们不仅要具有深厚乡土情感，还应该有一定的文化自信，将建设一个充满精神活力的乡村作为最终目标，这就要求我们必须从农村实际出发，因地制宜地推进文化建设，努力打造富有乡土气息和民族特色的新型文明村镇，使之成为农民群众安居乐业、幸福安康的家园。乡村文化建设的生动资源与潜力空间，主要包括传统村落的保护、特色文化的传承等，需要对其持续丰富、挖掘、传承和创新，从而使乡村文化焕发出生机和活力。当前，农村地区的基础设施落后，产业支撑不足，农民思想观念保守，导致一些传统村庄陷入衰败状态。实际上，在实施乡村振兴战略的过程中，除了为村民带来资金、信息、生产能力以及生活消费水平的提升之外，更重要的是在一定程度上改变乡村文化的自信和农民的精神面貌，从而促进乡村振兴目标的快速实现。随着农村社会结构的变革，农民主体地位日益凸显，他们的思想观念、思维方式、价值取向等都发生了深刻变化。乡村经济的发展已经不再是一场独角戏，农业也不再仅是简单的种植与养殖，而是被赋予了更多的功能与期望，如生态、休闲等。在乡村这一广阔的舞台上，组织各种有趣、多样化的相关活动，如主题民宿、乡间民谣等，能够为“众创”活动提供更加广阔的创作创新平台与空间，从而逐渐形成以地域文化和特色产业为主要支撑的一种文化业态。把乡风文明建设作为建设社会主义新农村和乡村振兴战略的一项重要内容，深刻反映了中国共产党在着力推进农村经济社会发展过程中对农村文化方面发展的高度重视。

第二节　农村精神文明建设目前面临的困境

改革开放以来，我国新农村建设取得长足进步，农村精神文明建设也取得明显成绩。在总体发展的同时，一些农村地区精神文明建设还面临着困境，比如农村社会不良风气滋长、农村文化活动比较贫乏、道德规范作用不断弱化、公共文化设施建设投入不足等。

一、农村社会不良风气滋长

近年来，不少农村地区社会不良风气呈现滋长趋势，浪费攀比之风日益盛行，黄赌毒事件时有发生，甚至封建迷信之风有所抬头。

（一）浪费攀比之风较为突出

随着农村经济的快速发展，农民的收入增加了，生活水平也提高了。但是，一些富裕起来的农民希望通过消费来构建自己的身份和地位，相互之间的攀比不断升级，农村铺张浪费现象愈加严重。在过去，人们一般在婚丧嫁娶等人生重大场合中进行人情消费，名目少且比较单一。现在，不少农民把礼尚往来的频次和礼金的多少作为衡量人际关系的标准。农村办事名目五花八门、花样百出，升学参军，甚至从孩子满月、到周岁、再到 12 周岁等，都要大宴宾朋。份子钱也越来越多，由几年前的几十元一路攀升，上涨到几百、上千元不等。部分农民为了收回送出去的礼金，也要想方设法摆酒席。你来我往，今天吃东家，明天吃西家，酒席花费和浪费现象十分严重。尤其是部分农村的婚嫁娶十分讲究大排场，少则上万元，多则十几万元。“因婚负债”“因婚返贫”现象普遍。根据李敏等学者的调研数据，农民的结婚花费持续增长，20 世纪 50 年代以前，结婚花费平均为 152.85 元；进入 90 年代，农民的结婚花费飞速增至 13946.46 元。进入 21 世纪，农民彩礼花费增速愈加迅速，前 10 年的均值为 50765.54 元，2010 年以来更是突破 10 万元大关。农民的结婚花费呈现倍数增长的态势，尤其是 20 世纪末 21 世纪初，增长率更是达到了 280.32% 和 264%。[①]

① 李敏．当前农村不良社会风气的态势、成因及对策[J]．西北农林科技大学学报（社会科学版），2018（03）：94-100+114——基于全国 200 多个村 400 多家农户连续 3 年的调查．

（二）不良爱好部分存在

许多农村地区农民的空闲时间越来越多，用于开展有益文化活动的时间却很少，加上一些不良思想的侵入，农村的一些人沾染了黄赌毒的恶习。一些农村地区最近几年甚至出现了网络赌博等问题，有的农民一夜之间将家当输个精光。在一些城乡接合部的网吧、影像厅等出现了传播黄色、低俗内容的现象，一些经济活跃、市场开放的农村，办理红白喜事邀请的歌舞团为了博取大家的眼球，也会出现一些低俗、黄色的表演。有的外出务工的农民不小心染上毒品，将吸毒、贩毒等恶习带回农村，使毒品向农村渗透。这些行为不仅影响了农村家庭的和谐，更影响了农村基层社会稳定，影响了农村乡风文明建设。

（三）封建迷信之风有所抬头

改革开放以来，封建迷信活动在部分农村“死灰复燃”。一些农村地区兴建寺庙、塑造神像之风兴盛，修建豪华墓葬也不在少数。逢年过节或特殊日子，许多农民会进庙烧香，祭拜土地、财神爷。有的家庭盖房、结婚、生子、丧葬等都要看黄道吉日。有的农民通过拜土地爷、拜祖先等行为求医治病，请神驱鬼。“慎终追远，民德归厚”，葬礼的意义在于表达对已逝者的追悼和对生命的尊重。但许多农村葬礼十分讲究排场，焚祭用的纸制品甚至包括纸家电、纸轿车、纸高楼大厦等，最后付之一炬。这种祭奠活动实际上失去了祭奠死者和尊重生命的本意。

二、农村文化活动比较贫乏

农村文化活动是农村的生活和交往方式。积极健康的农村文化活动可以丰富农民精神文化生活，有利于丰富农民生活，有利于农村精神文明建设。许多农村地区开展了一些文化活动，但面临着低层次、同质化的困境。一方面，文化活动内容和形式同质化现象突出，缺乏特色。比如，很多农村都有广场舞队伍，但复制现象突出、舞步单一，层次高、质量水平高的文化活动比较少。另一方面，推动农村文化活动创新发展的力量匮乏。农村群众性文艺团体是丰富农村文化生活的主力军，是推动农村文化活动创新发展的重要力量。但是，乡镇群众性文艺团队发展呈现不平衡、层次低、质量低的特点。广场舞团体数量众多，但书法爱好者协会、绘画协会、戏剧票友会等团体屈指可数。

基于各种原因，许多农民对农村文化活动参与程度不高。第一，大多数农民局限于参与免费公益活动，若涉及部分文化活动需要个人出经费购买相关服务时，就会出现消极敷衍、不愿参与的现象。第二，部分农民的集体意识淡薄，不愿遵从主流爱好，坚持特立独行，不愿调整自己的文化需求。第三，许多农民喜欢简单、直接、具有娱乐性的文化活动。农民参与的文化活动比较普遍的是广场舞、看电影、扭秧歌、舞龙舞狮等传统活动。甚至很多农民更愿意以看电视、打麻将和打扑克等娱乐形式消磨时光，不愿意阅读报纸或者有文化涵养的书籍来提升自身素质。他们也明白这些活动都没什么意义，并不能从这些活动中提升自己的文化水平和劳动技能，尤其是打麻将之类的活动往往还会加入赌博的元素。但正是由于农村缺少有价值的文化娱乐方式，村民才参与这些活动来填补自己的休闲生活。

三、道德规范作用不断弱化

道德是一种行为规范，它是人们行为的内在约束，对维护社会的稳定和秩序有十分重要的影响。提升农民的道德素质是新农村乡风文明建设的重要内容。随着改革开放的不断深入，农民对外来思想接触得越来越多，一些优良的道德传统被部分农民抛弃，农村道德规范作用出现弱化趋势。

（一）商品意识冲击传统美德

在农村社会从传统农耕社会向到市场经济社会转型过程中，功利主义、个人至上的不良思想逐渐侵入广大农村社会。部分农民不能在市场经济的浪潮中明确自身正确的价值追求，物质财富追求置于个人的第一追求，将金钱作为自己的人生价值取向。部分农民为了经济利益而不顾道义，为了一点点蝇头小利，就将个人尊重、责任置之不顾，利用工作之便小偷小摸，将公共财产占为己有。部分农民缺乏环境保护意识，随意丢弃废弃物，恶意破坏生态环境。可见，市场商品意识中带有的消极成分正冲击着农村传统的公序良俗、优良品德。在金钱利益的驱使下，市场经济等价交换、利益至上的原则正在对农村人际交往带来冲击，这使农村人际关系日益功利化。

（二）传统美德的作用逐渐减弱

中华传统美德培养了历代农民善良、忠厚等优秀品格，“孝”“敬”等美德像血液一样流淌在广大农民的血脉中。当前，在许多农村，这些传统美德正有不断弱化。在一些农村地区，婆媳关系紧张、不赡养老人的现象屡见不鲜。由于外来不良思想的侵入，加上社会舆论环境更开放，一些农民思想发生激变，原有的道德与责任约束逐步松懈，他们视婚姻为儿戏，这导致近年来农村离婚率不断上升。

四、公共文化设施建设投入不足

（一）农村文化事业的投入不足

充足的资金投入是新农村乡风文明建设的保障。近年来，我国各级财政用于农村文化事业的比例不断提高。比如，我国教育投入持续向农村地区倾斜，农村普通小学、初中生均教育经费支出保持较快增长。为加快义务教育优质均衡发展和城乡一体化，财政部下达 2023 年义务教育相关转移支付资金为 2274 亿元（不含教师工资），比上年增加 148 亿元[①]。但农村文化投入还存在明显不足。一方面，我国农村文化事业财政资金投入机制不健全，刚性不足。我国农村文化事业的财政支出占财政总支出的比例还比较小，对农村文化事业投入数量明显不足，农村文化基础设施建设难以达到标准。部分地方领导存在认识偏颇，认为农村的经济发展是关键，绝大多数的资金都投放到农村物质文明建设中，而对于农村文化建设的投入具有较大的随意性和应付性。部分基层领导有“等、靠、要”的消极思想，对农村文化建设不重视，对于文化建设投入落实不到位。另一方面，我国农村公共文化服务财政投入资金没有得到有效使用，存在资源浪费的情况，我国农村公共文化服务财政投入产出绩效不稳定。甚至经济发达省份的农村公共文化服务财政投入产出绩效普遍低于经济欠发达省份。有的农村地区做到了标准化的建造，但缺乏后续配套设施的资金投入，使农村文化事业难以开展。另外，在投入主体和投入形式方面，在强调各级政府财政投入农村文化事业建设时，往往忽略了企业、个人和其他社会组织的投入，对公共文化资源整合和共建共享方面的工

---

① 财政部下达 2023 年义务教育相关转移支付资金 2274 亿元[EB/OL].(2023–05–18)[2023–5–25].https://baijiahao.baidu.com/s?id=1766208016217642154&wfr=spider&for=pc

作也重视不足，这使农村文化事业投入问题更为突出。

与此同时，我国农村文化事业投入还存在分布不均匀的问题。区域投入不均衡现象比较突出，发展较好的乡镇村所得到的财政投入量比发展较差的乡镇村要高很多，差距很大。在区域内部，城镇作为整体，镇中心和村落投入分布不均匀。许多地方把主要的文化资金投入小城镇建设中。这造成城镇设施齐全，文化资源丰富，乡村则处于稀缺状态。在农村既有投入中，基层干部重视有形的硬件建设，忽视文化创新人才培养、文化产品服务水平、文化产品创新等软件建设。

（二）农村公共文化设施缺乏

农村公共文化设施是指为满足农村居民精神文化需求而建设的用以开展农村文化、娱乐、艺术等活动的设施，包括健身场地和设施、图书室、公园等。除硬件设施外，还包括“软设施”，即“农村公共文化事业人才”。农村公共文化设施不仅是农民开展文化活动的重要载体，还是政府履行文化职能、推进农村乡风文明建设的有效方式。

1. 农村文化设施匮乏

相对城市而言，农村基础文化设施建设较为滞后，公共文化资源相对短缺，尤其是部分地处偏远、经济落后的地区，文化设施尤为缺乏。一些地方虽然建造了农村文化活动室和“农家书屋”，但大都设在村委会办公地，面积较小，图书、报刊来源有限，部分科技、法律书籍内容陈旧，书籍的种类比较单一，特别是贴近农民实际的种植、养殖等方面的书籍较少，对农民的适用性有限，可供选择的阅读书目种类并不多。再加上距离较远，缺少设备维修经费、日常活动经费和内容建设经费，没有专门的管理人员，开放时间不固定，农民对乡村图书室的认知和使用程度较低，从这些文化设施获得的服务相当有限。

2. 农村文化事业人才不足

农村公共文化事业人才缺乏表现在数量和质量两个方面。从数量上看，农村文化建设队伍人员缺少。各个乡镇配备的专职文化工作人员，远远达不到所辖区内开展群众文化活动的实际需要。以聊城市阳谷县某镇为例，该镇下辖 66 个行政村，人口达 7 万多人，在乡镇综合文化站具体负责策划、组织、开展文化活动的专职人员仅有 1 人，除非有重大文化活动时，镇领导才会抽调其他部门人员配合组成临时工作团队，平时策划、组织、开展活动时都是单枪匹马[①]。从质量上看，从事农村文化事业的基层管理人才文化素质和专业素质普遍不高，缺乏相关的培养训练。而且这些专职人员也不是专职专项，还要忙于该镇计生办、统战、卫生等方面的工作。这些问题的存在，直接会影响农村文化事业和乡风文明建设质量和进度。

第三节　农村精神文明建设的取得成效与机遇

经过多年不懈努力，我国社会主义新农村建设取得了巨大成就，农村经济建设稳中向好、农村社会管理更加科学、农村社会事业稳步发展等都为农村精神文明建设进一步发展奠定了良好的基础。同时，近年来，我国传统文化大发展更为新农村乡风文明建设提供了良好的机遇。

一、农村精神文明建设取得的成效

（一）我国社会主义新农村建设取得巨大成效

改革开放以来，党中央每年都会发布“一号文件”，在社会主义建设的过程当中，解决“三农”问题是至关重要的，因为它直接关系到国家的经济、社会和文化发展。乡村振兴不是简单地让农民从土地上解放出来，而是要使他们能够获得新生活，实现自身的全面发展。其中，无论是制度还是相关政策的颁布与实施，均精准地把握了“三农”问题在不同历史阶段的主要核心，从根本上解决了农业、农村以及农民所面临的众多突出问题，推动了农业现代化建设水平的快速提升，使农民的生活质量得到显著改善与提升，同时也为农村经济的蓬勃发展注入了强劲动力。在党中央的统一领导下，以及各地团结奋斗的共同推动下，我国社会主义新农村建设以惊人的速度向前推进，同时取得了显著的成就。

1. 农村经济建设稳中向好

农村经济呈现出蓬勃发展的态势，生产力水平得到十分显著的提升，农村各

① 崔震彪．现阶段我国农村群众文化活动的困境与出路研究[D]．山东：山东大学，2017.

项事业得到了全面深入的推进与发展。近几年，我国农业农村经济形势积极向好，农业供给侧结构性改革取得积极成效，农民收入增速再度提速，农村产业融合迈上新台阶。全年粮食生产再获丰收，普通劳动力用工需求普遍增长，带动了农民工工资上涨。

2. 农村社会管理更加科学

在广大农村地区，推进民主建设的步伐日益加快，村委会直选制度得到持续的优化与完善，村务公开透明化进度加快，同时建立健全以党组织为领导的村民自治机制。

首先，各级政府在推进新农村建设的过程当中，不遗余力地加强村委会主任的选举工作，积极动员村民参与其中，确保选举的公正性和透明度。近年来，一些地方采取“村民代表会议”“村民委员会代表大会”等形式，把选民直接选举产生村委会主任作为重要内容来抓。在村委会主任选举中，村民表现出了非常大的热情，他们积极参与到村里的事务当中，展现出很高的主动性。

其次，农村地区正向着实现村务透明化和公开化的方向不断发展，很多农村设置了固定的村务公开栏，方便广大农民群众的观看，甚至有些地方还专门设置了民主听证会等其他有效的村务公开形式。

再次，不少地区以当地实际情况为基础，对村级“一费一议”制度进行积极的研究和探索，每一次的收费均经过农民集体讨论，明确收费的原因、金额和支出方式，使农民对此了有所了解。

最后，一些地方在“村民自治”的基础上，探索出了村民议事会模式。比如，成都探索出了以“村民议事会”为核心的新的治理模式。该模式是在党组织的领导下，由议事会决策，村委会执行，其他经济社会组织广泛参与的一种农村治理模式。它最大的特点是决策权与执行权分开，政府职能与自治职能相分离。

3. 农村社会事业稳步发展

经过多年的努力，广大农村初步建立了比较完善的社会保障体系，建立并完善了最低生活保障制度、新型农村合作医疗保险制度、新型农村养老保险制度等。在这些制度和措施的实施下，我国农村居民的生活水平有了很大提高，贫困人口也大大减少。

首先，为了保障贫困人口的最基本生活需求，农村实施最低的生活保障制度，该制度提供了临时性援助，以确保他们能够获得最低的生活保障。

其次，实行了新型农村合作医疗保险制度（新农合），该制度由政府组织、引导、农民自愿参加，个人、集体和政府多方集资，以大病统筹为主，新农合基本实现了全覆盖。

再次，为了保障农民的老年生活，实行了新型农村养老保险制度（新农保）该制度是以保障农村居民年老时的基本生活为目的，建立个人缴费、集体补助、政府补贴相结合的筹资方式，养老待遇由社会统筹与个人账户相结合，与家庭养老、土地保障、社会求助等其他社会保障措施相配套，由政府组织实施的一项社会养老保险制度。该制度将个人养老金账户分为两类，一类是由国家全额支付的基础养老金，另一类则是严格按照个人养老金与集体扶持缴费专门设立的个人养老金账户，其性质和当前城镇的养老保险相同。

最后，建立了其他保障制度，如“五保”供养制度、医疗救助、教育救助、救灾保险、失地农民社会保障等。

随着我国新农村建设取得的巨大成为，为农民精神文明建设提供了物质保障。近年来，我国农村的精神文明建设也取得了长足发展。

（二）我国农村精神文明建设取得的成效

一是农村公共文化设施的建设得到加强。在新农村建设中，各级政府投资逐年递增，农村地区基础设施日趋完善。全国农、林、牧、渔业新建固定资产投资额稳步增长。党的十八大以来，党和国家十分重视农村公路和村通硬化路的建设，全国乡镇、建制村通硬化路率达到了 95% 以上。在农村公共文化建设得到国家政策大力支持的背景下，各地区加大对该领域的投资力度。在推进创新型农村公共文化发展期间，部分农村不仅得到了政府的财政支持，还通过积极引进投资，使资金渠道得到开拓的同时，促进了特色产业的进一步发展，完善和优化了农村公共文化设施的各项建设。现如今，农村图书馆、乡镇文化站等场所是新农村建设的主要聚集地，且这些场所均已经取得显著的成效。

二是开展多种形式的文明创建活动，涌现出一批具有示范作用的文明新村、文明农户、文明家庭。四川宜宾筠连县农村精神文明建设成效显著，被中宣部、中央文明办肯定为“筠连模式”并予以推广。党的十八大以来，筠连县以培育和践行社会主义核心价值观为根本，以幸福美丽新村建设为主题，紧紧围绕“决战脱贫攻坚，决胜全面小康”战略目标，立足农村精神文明建设“735”工程（7个阵地、3支队伍和5项活动），坚持统筹城乡、以城带乡，着力“养成好习惯、形成好风气”，扎实推进城乡文明一体化建设，不断提高城乡居民文明素质，形成了良好的社会风尚。出台了《筠连县文明创建活动管理办法》《筠连县公民道德建设管理办法》《关于开展“道德讲堂”活动的意见》《筠连县乡村（城市）学校少年宫考核细则（试行）》，把文化阵地建设作为“美丽乡村”和精神文明建设的硬任务考核，进一步加大投入，加快建设，补齐“短板”；深入开展文明城市、文明乡镇、文明村、文明单位、文明社区、文明家庭、文明校园及“生态美、村容美、庭院美、乡风美、生活美”创建活动；在培育和践行社会主义核心价值观过程中，组建新乡贤队伍243支，发挥文乡贤、德乡贤的示范和引领作用。

三是农村地区公共文化内容不断丰富，群众精神文化生活更加充实。农村所孕育的公共文化，涵盖了民俗风情、特色小吃等多个方面，是我国文化资源中的重要组成部分，并且也代表着中华民族独特的传统文化。随着经济水平的提升和人们生活质量的改善，越来越多的人开始关注农村公共文化服务体系的构建问题，并将其作为促进社会和谐与稳定的重要手段。在农村公共文化的大力推动下，农民的思想观念得到了进一步解放，他们把当地独特的文化元素，以一种巧妙的方式和旅游业融合在一起，从而打造出具体地方特色的旅游文化产业。随着自驾游的盛行，农村旅游文化已成为备受关注的热门话题，乡村旅游产业的出现给广大人民群众提供了休闲娱乐的场所，同时也丰富了当地居民生活，提高了农民收入水平。大量游客被乡村旅游产业所吸引，这主要得益于其优美的自然风光以及地方特色文化，乡村旅游文化的蓬勃发展一方面促进了农村经济的快速发展，另一方面也促进了城市与乡村文化之间的相互沟通和交流，将城乡之间的隔阂打破，同时拉近了城乡文化之间的差异，推动了文化的深度融合。

与此同时，农村的优秀传统文化得到更加全面的保护与传承，更深层次地探究和挖掘了特色文化资源，为农村文化生活注入了更多的活力，同时也为农村地区群众的精神文化生活注入了更加丰富的内涵。乡镇文化站群众业余文艺团体数量迅速增加。

四是农村生态环境治理成效显著。文明不文明，首先看环境。生态环境治理是美丽乡村建设的重中之重。近年来，开展以治“五乱”、刹“三风”为主要内容的文明创建活动效果显著，柴草乱放、粪土乱堆、垃圾乱倒、污水乱泼、畜禽乱跑“五乱”现象得到有效改观。以村庄绿化、村容整洁为主要特征的农村人居环境改善工作快速推进。

长期以来，农村精神文明建设坚持以培育和践行社会主义核心价值观为根本，以文明村镇创建为载体，以“乡风民风美起来、人居环境美起来、文化生活美起来”为目标，不断推动农村从“一处美”向“一片美”、从“环境美”向“生活美”、从“外在美”向“内涵美”转变，营造了一个生机勃勃、富于创造、勇于进取的思想文化环境和科学健康、文明向上的社会风貌，为农村经济社会发展提供了强有力的思想保证、精神动力、智力支持和文化支撑。

二、传统文化大发展为精神文明建设提供了良好的机遇

（一）传统文化受到高度重视

我国是一个历史悠久的文明古国。我国传统文化博大精深、源远流长，是中华上下五千年各民族集体智慧和创造力的结晶，对整个人类历史文明作出了巨大贡献。自中国共产党成立之日起，其不仅是中华优秀传统文化的忠实传承者与弘扬者，更是中国先进文化的积极倡导者与发展者，将卓越的文化传承和发展能力淋漓尽致地展现出来。中国共产党一直高度重视通过文化引领前进的方向，凝聚奋斗的力量，凝聚全国各族人民的思想文化新觉醒、文化建设新成就，促进中国共产党与人民事业不断向前发展。在革命、建设以及改革的各个历史时期，文化工作都扮演着不可或缺的重要角色。

改革开放以来，邓小平高度重视传统文化的传承和教育的基础作用。他指出：“我们要用历史教育青年，教育人民。”[①] 他强调以“古为今用”的方针继承优秀文化遗产，目的是建设中国特色的社会主义事业，帮助我们解决改革中的种种问题，而不是颂古非今，也不能把它当作国宝古玩，置之高阁。

自党的十八大以来，以习近平同志为核心的党中央对中华优秀传统文化的传

① 邓小平．邓小平文选（第三卷）[M]. 北京：人民出版社，1993.

承与发展给予了高度关注，坚持以中华民族的精神追求为出发点，从国家战略资源的高度继承优秀传统文化，同时站在促进中华民族现代化进程的层面积极地创新发展，使其成为实现“两个一百年”奋斗目标的重要源泉，以及中华民族伟大复兴中国梦的关键力量。众所周知，中华文明源远流长，具有深厚广泛的历史底蕴，蕴含着独具特色的价值观和体系，蕴含着丰富的人文精神。中华卓越的传统文化已经深扎根于中华民族的心灵深处，对中国人的思想与行为方式产生潜移默化的影响。当前，我国正处于改革攻坚期和深水区，面临许多新情况、新问题，如何更好地弘扬与培育民族精神，增强人们对祖国的归属感、认同感？我们必须始终坚定对中国特色社会主义道路、理论和制度的自信，归根结底是源于对文化自信的坚定。文化自信是一股更为根本、更为深邃、更为持久的能量，没有文化自信就不能确立国家文化软实力的优势地位，没有文化自信就不能实现中华民族伟大复兴的梦想。无论是历史还是现实均证明，一个民族如果抛弃或者背叛了自己悠久的历史文化，那么是无法实现自身发展的。

2017 年 1 月，中共中央办公厅国务院办公厅印发《关于实施中华优秀传统文化传承发展工程的意见》，对实施中华优秀传统文化传承发展工程提出总体要求、基本原则，就工程的主要内容、重点任务进行详细规划，并对组织实施和保障措施给出明确要求。

（二）传统文化发展取得很大成就

进入 21 世纪以来，随着中国经济高速发展和物质文明极大丰富，精神文明建设显得愈发重要。复兴传统文化是增强中国文化竞争力和国家软实力的重要途径，承载着实现中华民族伟大复兴的梦想。

第一，传统文化在人民的日常生活实践中实现从思想自觉到行动自觉的转化。习近平曾提出：“道不可坐论，德不能空谈。于实处用力，从知行合一上下功夫，核心价值观才能内化为人们的精神追求，外化为人们的自觉行动。”[①] 经过广大理论工作者的不懈努力，传统文化结合时代和人民需要在其内涵、理念、表达各层面赋予其新的时代内涵，广大民众大都能做到“知其然”“知其所以然”，做到理论联系实际，知行合一，学以致用，真正将中国传统文化精神内化于心。

① 习近平．习近平谈治国理政[M]．北京：外文出版社，2014．

第二，传统文化借助先进科技手段，以新的感官体验和互动方式焕发新的生命力。例如，在上海世博会上，一幅动态版的《清明上河图》呈现出商贾云集、人流穿梭的壮观景象，它将当代先进影像技术与我国古代文明瑰宝巧妙地结合在一起，令人眼前一亮。以历史文化积淀为基石，灵活运用现代科技手段，将各地独特的历史风貌充分展现出来的同时，也让现代人身临其境地感受历史的真实面貌。在现代社会，文化与经济已经密不可分，文化品牌是文化产业发展的灵魂，也是一个国家综合国力和国际竞争力的重要体现。例如，《功夫熊猫》这部美国好莱坞大片中，运用了很多的中华传统文化元素，从而真正实现了文化与商业的双重价值。近年来，随着我国经济社会快速转型升级，文化软实力提升成为国家战略布局之一。很多杰出的商业企业在文化品牌的塑造过程中，逐渐形成了以产品为重要核心的品牌自信，将口碑作为衡量标准的品牌信誉，并广泛参考和吸纳更多优秀的传统文化元素，积极创造出拥有自主知识产权的文化品牌。

第三，“国学”已成为各类学校教育的重要内容。众所周知，传统文化对文化自信有着十分重要的影响，同时也是孕育文化自信的泉源与基础。近几年，我国各类教育已经将传统文化视为不可或缺的重要组成部分。例如，中国青少年发展基金会启动了中华文化经典诵读计划，这一计划吸引了众多中小学、书院等机构的加入，私立学校和培训机构也开始以弘扬传统文化为特色，吸引更多的学生前来学习。教育部在 2014 年颁布了《完善中华优秀传统文化教育指导纲要》，该纲要提出了全面加强中华优秀传统文化教育的重要指导思想以及基本原则，更提出了分学段推动和促进中华优秀传统文化教育的一系列具体建议，并在小学低高年级、初中、高中以及大学五个阶段，教育设置的侧重点各不相同，同时建立了多元支撑保障体系，以确保传统文化教育的实施。在推进传统文化教育的过程中，地方宣传部门和教育行政管理部门紧密合作，共同致力于推广和传承这一文化遗产，各地还制定了一系列措施推动传统文化进校园活动开展。例如，湖北省武汉市委宣传部和教育局协同合作，精心编纂了一本名为《国学读本》的读物，旨在向市内中小学免费派发，让更多的人受益；湖北省委宣传部组织了一支强大的团队，致力于编写一本名为《朝读经典》的读物，并向全省的中小学免费发放，同时强调各校必须确保学生每天有至少 20 分钟的时间用于诵读经典，以保证教育质量的不断提高。在得到相关政策的大力支持后，传统文化教育在全国范围内蓬勃发展，呈现出蓬勃的生命力。

（三）民俗文化助力农村精神文明建设

农民业余生活方式、活动多样化，优秀民俗文化得到传承。各地大力培育内容积极健康、形式多姿多彩、风格清新质朴、具有浓厚乡土气息的农村民俗文化，通过举办节庆和市集活动，如文艺演出、花会灯会等众多有趣的文体活动，对民族民间蕴含的文化内涵进行深入挖掘，塑造独具地方特色的独有的文化品牌。在某些地区，通过举办民俗节庆活动来弘扬民族精神，或者鼓励农民积极主动参与各种形式的值班文化，不断加强对民间文化能人和文化经纪人的培训，支持一批民间职业剧团和农村业余剧团，鼓励他们深入农村，服务农民，在传承和发展民间艺术的同时，对有益的民俗文化进行广泛的传播。这些民俗文化活动农民乐于参与、便于参与，这满足了农民群众精神文化需求，对农民群众思想观念、道德情操有着潜移默化的影响。

第三章　农村精神文明建设的培育路径

第一节　农村精神文明建设中的制度规范建设

所谓制度规范是指在人类长期的社会生活中，根据广泛认可的社会价值观，特定环境下的人类行为必须遵循一系列共同的程序和规则，这些规则和规则构成了人们社会生活的行动规则。社会规范作为一种价值观和行为准则，实际上是各种社会关系的映射和反映，其价值和意义不言而喻，同时也是农村精神文明建设的基本手段和途径。制度规范主要指国家法律、村规民约和民间信仰。目前来说，农村精神文明建设的制度规范建设就是要加快农村基层法治建设、完善村规民约、规范民间信仰。

一、加快农村基层法治建设

（一）加强法治意识培养

首先，积极推进农村教育的发展，通过不同的方式努力提升农民的科学文化素养水平。加大农村义务教育的力度，致力于推广与巩固农村九年义务教育的实施。在国家财政有限的情况下，加大资金投入力度，多渠道筹集资金，解决好“三农”问题，为实施科教兴农战略提供坚实保障。整合农村现有的各类教育资源，不断加大对教育的投资力度，同时开设农村成人教育等高等院校，以提升农村教育水平，发展职业技术教育，培养新型农民。加强对农民的全方位教育，科学引导他们从体力型农民逐渐向文化素养较高的文化型农民转变，从传统观念束缚的传统型农民逐渐向现代化思维的现代型农民转变。提高农民素质，让他们学会用法律手段来保护自身的利益，从而促进农村经济发展。除此之外，进一步加大普及法律知识的宣传力度，使农民对自身权利的认知水平有较大幅度的提升。为了更好地在农村广泛普及法律意识，应该先在农村开展一系列的基础教育，以使农民自觉遵守法律，并能够灵活运用法律手段对自身的合法权益进行有效的维护。

其次，对农民开展深入且持久的法治教育，在以培养他们的维权、民主和守法意识。不断加强农村基层组织在思想道德方面的基础建设，提升其召唤力的同时增强凝聚力，为广大农民提供必要的保障，并且让基层干部深刻认识到，加强农村法治建设已成为当务之急和至关重要的任务。加大对“三农”问题研究力度，提高基层政府依法行政能力，切实维护广大农民群众合法权益，促进农村经济发展。建立法律制度体系，提高依法执政水平，把法治教育提升至国家稳定、国家富强、人民幸福的至高境界，只有这样才能提高基层领导干部的法制观念和依法执政水平。与此同时，深刻认识到依法治国的主体是广大人民群众，当然农民也包括在内，根本目的在于实现真正的“民治”，而非仅依靠少数公职人员的权力治理。要通过开展形式多样的法制宣传活动，在全社会营造重视法治、崇尚法制的氛围，形成人人讲法、处处讲法的良好氛围，促进社会主义民主政治健康发展，推进新时期农村基层法治进程。加强广大农民群众对法律学习、应用和遵守的认知，使他们学会用法律来规范自身的一系列行为。要从制度上保障农民依法维权，通过制定相关法律法规，建立相应的执法机制等措施，确保农民权利不受侵害。加强农民法律意识的培养与提高，加大在农村的宣传和普法力度，使普法的质量得到有效提升，从而不仅为农村法治建设打造一个较好社会环境，还通过引导农民对法律的灵活运用，切实维护和保障自身合法权益，顺利解决各种冲突和矛盾纠纷。

最后，最大限度地将农村人民调解员、司法助理员等在维护社会秩序、促进法治建设等方面的重要作用发挥出来。他们既对农村有深入的认识，又十分熟悉农村，因此开展法制宣传教育，这一系列措施的优势显而易见。动员城市的法律从业者，为农村人民调解员、司法助理员等提供信息传递、协助以及指导帮助。发挥乡镇人大代表、政协委员、村民代表以及广大农民群众的积极作用，使其在推进依法治国进程中起到应有的促进作用。积极推进“送法下乡”活动，将“送法下乡”转变为“法常驻乡”，以促进农村法治建设。在农村设立法律援助站或服务站，提供法律咨询服务，使其具有了一定规模。持续加强农村法制宣传教育队伍的全面建设，努力培养专兼职法制宣传教育优秀干部，使农村法制宣传教育工作者的宣传能力与水平得到有效的提升，从而逐渐形成城乡统筹发展的法制宣传教育的格局。

（二）健全农村法律体系及执法方式

首先，对以前传统的立法思维模式进行转变，具体而言是转变农业立法思路，以国情为基础，吸收、参考以及借鉴发达国家或者地区的相关立法经验，从而使传统的农业立法方式得到有效转变。当我们放眼全球的时候，不难发现很多先进的国家，均采取了立法措施来保障农业的权益。为了适应我国广大农村的实际情况，借鉴发达国家的成功经验，需要制定相关的法律法规，最终逐渐形成具有本国特色的农业法体系，为促进现代农业发展提供强有力的法制保障。因此，可以着重推进以下几个方面的工作：通过法律手段明确农业在国民经济中的基础地位和作用，确保其可持续性；加快建立与社会主义市场经济体制相适应的新型农民组织体制，完善土地承包经营权流转机制，加强对农民专业合作社的规范管理；确立农业基本法，注重法律体系的优化和完善，重视立法层次以及实施细则的制定，在重点强调立法的实用性的同时，也要具有一定的可操作性，关注农业法治的整体性以及时代的适应性。

其次，必须进行资源整合，确保执法程序的规范化。“法律的正义唯有通过诉讼程序的公正才能真正实现，而程序公正是法律公正的根本保障。”① 为促进基层民主法治建设，有序整合基层的资源，形成良好的协同效应，从而为广大农民群众提供更好、更全面的法律服务。要把普法和执法相结合，加大对违法犯罪分子的打击力度，增强法律意识，及时向农民普及与自身利益有着紧密关系的法律法规，确保农民的合法权益得到充分保障。通过开展“三访”活动和走访调研等形式加强对农村基层社会情况的了解，其中深入基层是审判工作和人民调解工作不可或缺的重要环节。在诉讼活动中，人民法院可以采取“走出去”和“请进来”相结合的方式，积极向社会进行法律知识宣传教育，让广大人民群众了解法律，支持司法，参与司法。在司法审判的过程中，将案件下放到基层，实现现场办理，不仅有助于深入调查研究和揭示案件真相，还能提高审判工作的透明度，

① （日）谷口安平．程序的正义与诉讼[M]．王亚新，刘荣军，译．北京：中国政法大学出版社，1996.

同时也有助于促进农村司法环境的健康全面发展。作为人民司法工作的必要补充，人民调解制度在解决民间纠纷、增强人民内部团结等方面扮演着至关重要的角色。

（三）推动农村经济发展

法治既是上层建筑的组成部分，又是在市场经济的基础上建立起来的。具体而言，是唯有在市场经济达到一个比较高经济形态的时候，才可以真正意识到权利平等、法律至上等法治观念的重要性，并在实践中得到充分体现。在我国广袤的乡村地区，市场经济正处于起步阶段，其经济水平相对滞后，随着国家对社会主义新农村建设的大力推动以及农民法律意识和维权意识不断增强，农村法治建设也面临着前所未有的机遇与挑战。所以，在推进农村法治建设的进程中，加速农村经济的蓬勃发展是至关重要的一环。

法律和社会两者相互渗透，主要表现在两个方面：一是法律在引导、规范以及提升社会方面发挥着至关重要的作用，二是为了快速适应社会，需要深入理解法律，并将其融入日常的生活中。在农村地区，由于经济发展相对滞后，缺乏必要的经济支持，因此法律建设受到了一定的制约。另外，农业经营组织不健全，农户缺乏自我保护能力以及农村市场发育滞后等原因也阻碍了农村法治建设的进程。因此，在加强农村法治建设的过程中，必须积极推进农村经济的发展，建立一整套较为完善的市场经济体系，并且把农户科学合理地引导到市场中。只有这样，才能有效地保障农村市场主体地位，促进农村生产力的提高，推动整个国民经济持续快速健康协调发展。在农村市场经济的发展过程当中，必须彻底转变发展方式和经营机制，将农民置于市场竞争的重要核心地位，使其成为市场竞争的关键主体，在实现自主生产的同时，以消费趋势、市场需求等为具体导向，从而真正地引导生产，而非以行政计划为指导。同时，通过政府制定相应政策对农村进行宏观调控，促进农业产业化经营和市场化进程，保障农产品有效供给，为农村市场主体提供公平竞争的环境。在市场经济的运行过程中，农民受到法律的规范和引导，进而受到一定的制约以及保护，最终快速适应市场经济的发展。

（四）培育和践行社会主义核心价值观

首先，最大限度地将社会主义核心价值观在引领方面的潜力和作用发挥出来。

市场经济条件下，人们对社会生活中各种利益关系有了新的认识和理解，并形成相应的权利观。在精神文明建设的过程当中，要将社会主义核心价值观的培育和践行作为其核心与根本任务，认真贯彻和落实到文明城市、文明村镇等各个方面，以此为指引，推动社会文明的进步。向人们灌输对社会主义核心价值观的认知、认同和践行自觉，明确哪些价值观值得肯定和赞扬，哪些则需要否定与反对，从而对人们的行为规范和思想觉悟产生潜移默化的影响。

其次，我们必须通过法律手段来推广和弘扬社会主义核心价值观。法律是道德的底线，也是道德的保障，唯有将法治作为重要载体，才能为道德理念提供可靠的制度保障。在推进全面依法治国的过程中，必须将社会主义核心价值观有机地融入法治国家、法治政府法治社会建设的各个环节中，从立法、执法等多个方面入手，以实现良法善治，为中国农村基层法治建设的深入研究和探索奠定更加坚实的基础。

二、完善村规民约

（一）村规民约的当代价值

1. 增强基层法制意识

乡村社会公认的道德准则之一是村规民约，它在调解村民日常行为方面发挥着重要的调节作用，被视为一种具有权威性的民间规范，历史上的村规民约涵盖了多个方面，如环境保护、道路修建等。其中，《同里乡约》中曾记载："偷盗别人家的牛来当作己用的人要把他当成盗贼处置，若是买来牛却将其宰割也是犯了相关律法，要将其送官。"[①] 由此可见，村规民约的宗旨在于引导村民从"善"出发，切实有效维护乡村的社会秩序。在利用乡约管理乡村公共事务期间，进一步推动了乡村社会的"善治"。村民在遵守各项"规定"的过程中，潜移默化地使自身的道德素养得到提升，同时也不断地向后代灌输这些"规定"的重要性。因此，村规民约成了治理农村社会的重要手段，借助村规民约的全面实施，成功地扭转了村民的不良习惯，为塑造文明乡风和农村社会文明新风尚打下了更为坚实

① 过竹．岭南地区苗族瑶族"乡规民约"与和谐社会建构研究[M]．南宁：广西人民出版社，2014.

的基础。此外，新时代村规民约所倡导的“善念”“家族和谐”等价值观，与我国法治社会所倡导的道德标准相符合。可见，新时期的村规民约会更加体现出良好的法律约束力，并将其作为国家制定相关法律法规以及开展司法实践活动的重要依据。村规民约一方面具有传承优秀传统文化的功能，另一方面也是我国现代法治精神的重要体现，对新农村建设过程当中的乡村文明建设起到至关重要的作用和意义。

2. 弥补国家立法的不足

首先，应根据当地的实际情况，制定相应的村庄管理规章制度。在新农村建设过程中，应将一些符合本地区实际的规章制度作为重要内容进行宣传和推广。我国遍布着无数大小不一的村庄，每一个村庄都有其独特的风俗习惯，因此只有制定最适合当地情况的制度才能达到最佳效果。根据当地的实际情况，村规民约可以制定相应的规范，以确保村民能够遵守。

其次，村规民约的可塑性非常强，具有一定的伸缩性，能够灵活适应不同情境和需求。从其制定的具体程序，可以看出制定过程非常简便，同时在一个村庄内，随时能够按照新情况和新问题，从实际情况出发，快速制定出全新的村规民约。

最后，在基层问题的解决过程中，村规民约应该更加注重细节的把控和执行。在村庄中时常出现一些矛盾，其中村规民约可以用最小的成本，有效处理和解决这些民间“细故”，从而解决国家法律法规无法深入解决的问题，填补国家法律的不足之处。村规民约与国家法律之间是一种互动关系，国家法律虽然对村民自治有一定影响，但也不能忽视其本身所具有的局限性和滞后性，从而使其不完全适应当前社会发展需要。由此，将村规民约以一种独特的方式巧妙纳入国家法律体系之中，已成为当务之急。

3. 有利于乡村社会的稳定与自治

不管身处哪个社会阶层，矛盾都是存在的，面对繁杂的矛盾，若一味依赖国家立法来解决大小事务，那么将会导致社会成本的提高，同时也会因为诉讼时效过长，积累社会冲突和矛盾，这显然是一种不现实的做法。在基层纠纷的解决过程当中，村规民约所具备的两大优势在于成本低廉、效力卓著，这是国家立法所无法比拟的。通过村规民约的实施，可以有效降低乡村社会问题的成本，减少社会诉讼资源的浪费，从而实现成本的降低。

（二）完善村规民约的措施

1．重振村规民约治理的权威性

首先，重塑当地的权威地位。一是明确农村基层组织在农村社区工作中的领导地位，不仅为乡村治理提供坚实的政治保证，还为其提供一定的组织保障，从而确保党对农村工作的全面领导能够深入最基层。通过建立村级民主选举、民主管理和民主监督制度，实现村党组织与村民委员会职能定位清晰，权力界限明确。二是应当加强村民自治的实践，以提升其自治能力。必须把加强村级民主建设作为推进新时期社会主义基层治理体系现代化的重要任务之一。作为村民会议的重要执行机构，村委会代表着村民共同的意志。为确保自治领域内各项治理权得到有效实施，需要科学合理地规范和明确国家政权对农村基层工作的具体指导范围，以避免和减少政权治理重心过度下移的情况出现。三是社会组织在发挥本土权威作用方面具有不可替代的重要作用，这一点必须引起高度重视。这些权威不仅是一种身份象征与权力符号，更是凝聚村民共识的纽带与桥梁。乡村社会组织主要由乡村杰出人才组成，其中有退休返乡官员、创业致富能手等，这些人才均具有独特的“魅力和权威”。通过联合与动员社会组织的权威力量，将其在价值引领方面的作用充分发挥出来的同时，可以有效促进村规民约的适用。

其次，需要对舆论环境进行重新构建。确保村民在村规民约的制定过程中积极参与，进行广泛的民主协商和充分的沟通。以此为前提，借助相互之间的交流和协商，倡导村规民约具有“契约化”属性，简单来说就是通过协商达成共识。这种行为规范，既体现出村规民约与传统习惯法之间存在着一定程度的相似性，也反映出现代社会中乡村秩序建构中所出现的新变化。作为契约式规范，村规民约代表村民的共识，为村民自身制定了一系列行为准则。只要出现违反村规民约的相关行为，均会对契约公意造成一定的破坏，因此会接受道德谴责与村治主体的共同制裁，从而建立起村规民约共同遵守的强有力的舆论约束。

2．提升村规民约制定和实施的规范化水平

首先，对规约的内容进行有效的规范。为了顺利解决村民组织化程度、认识水平较低等诸多问题，村规民约的制定与实施必须注重引导和加强，以提高村民的认知水平和组织程度。在备案与合法性审查的时候，乡镇应当合理引导与科学规范村规民约，符合党的方针、政策与国家现行法律法规，从而进一步确保村民之间、村民与集体等之间的关系得到恰当调适，充分保障村民的人身和民主权利，同时切实保证他们的合法财产权利不受侵犯。

其次，对制定的详细程序进行规范。唯有在程序合法的前提下，才可以确保实体的公正和平等。对村规民约的制定和修改程序进行完善与规范，可以确保村民会议作为村规民约唯一法定制定主体的规定得到严格贯彻落实，进而使其权威性得到相应的提升，从而降低实施过程中存在的各种阻力。建立与完善村规民约，必须贯彻以群众为中心、依靠群众、由群众来到群众去的群众路线，借助不同的手段和方式积极发动群众，对村民的建议与意见进行积极征收，将群众的问题交由群众自行解决。随着群众参与度的日益提升，村规民约所展现的治理效果和深度也随之增强，从而为全面实施乡村振兴战略打下更为坚实的群众基础。

3. 增强村规民约的实用性

首先，必须确保村民的权益得到充分保障。满足村民的需求是推动其认同和遵守村规民约的最主要动力。在村规民约的制定过程中，应当对村民的共同需求进行积极主动的平衡与协调，特别关注乡村发展中出现的新矛盾和新要求，以最大限度地满足每个人的利益和诉求的个性化差异。当前，我国农村地区普遍存在着“重礼轻法”“重义轻钱”等不规范行为，导致了不少村规民约缺乏应有的约束力。在制定村规民约的时候，必须排除内容上的雷同之处，以确保内容的独特性和规范性。有些村规民约虽然没有规定具体条款，但也存在相同或相近的表达方式，对比部分村规民约，不难发现其中一些内容缺乏独特性，呈现出千篇一律的趋势，且存在诸多相似之处，这不仅造成了资源浪费，也不利于村民参与民主决策、民主管理与自我约束等各项活动的开展，还影响着农村社会稳定和谐发展。尤其是在上级对村庄的强制性要求下，出现了一种明显的同质化现象，甚至还会出现两个村庄的村规民约内容完全相同的情况。为了解决这一类问题，必须在制定村规民约的时候坚持以群众为中心，将群众的意愿反映出来，因地制宜，将村域特色与群众多元化的不同需求充分体现出来。

其次，提高村规民约的可操作性。在我国目前农村法治不够健全、村民民主意识普遍不强的情况下，应当借鉴国外相关制度，对村规民约进行专门立法。考虑到本村的风俗习惯和群众基础等实际情况，将一些被村民广泛认可的小政策和土办法，巧妙纳入村规民约的内容之中，确保村规民约具有一定的可操作性，同时也方便兑现。为确保村治主体的监督执行，具有法律效力和规范性，条文应当进一步细化村规民约的监督执行机制，明确主体身份并采用适当的方法，从而确保监督执行的合法性和规范性，做到真正的有规可循和有法可依。

三、规范民间信仰

（一）正确认识民间信仰的性质和作用

同其他传统文化形式一样，民间信仰也存在着一些负面因素，甚至有的时候会被过度强调。当前，在此种形势下民间信仰的价值凸显和低俗文化的复兴相互交织，甚至在某些地方和社会主义和谐文化产生了严重的不协调。因此，必须从理论上认识到民间信仰对构建和谐社会的积极意义，但同时又不能忽视它可能带来的负面效应。显而易见的是，单纯依赖于民间信仰的自适应，以实现和现代社会完全相适应的目标，存在相当程度的复杂性。需要通过加强对民间信仰的科学引导和规范，使之成为促进经济社会发展的积极因素。在新的形势下，政府需要履行民间信仰管理职责，确保民间信仰与民众的需求相互关联，体现以人为本的理念，并将其在公共文化服务方面的积极影响淋漓尽致地发挥出来。当前，民间信仰正面临着来自传统宗教、世俗迷信、网络谣言等多方面的挑战。在民间信仰文化生态的调整过程当中，政府既要尊重民间信仰的历史传承，又要保持适度开放的态度。同时，必须综合运用引导、宣传等多种手段，引导民间信仰组织不断提升自身在管理方面的能力和水平，将陈规陋俗自觉地摒弃，将其道德教化与伦理规范方面的作用充分发挥出来，以促进信众群体快速有机地融入现代文明之中，最终为经济社会发展提供一系列更多、更好的服务。

（二）加强法治建设，规范民间信仰组织行为

考虑到民间信仰的独特性质，活动跨越多个部门和领域，因此可以由政府宗教事务部门主导成立一个综合协调机构，以统筹协调、分工负责和综合治理为目标。改革开放以来，民间信仰作为一种重要的非物质文化遗产得到了前所未有的发展，但同时它的一些消极影响也逐渐显现。为了充分满足社会治理与资源依赖

的不同需要，政府采用了一种双重管理体制，即对民间组织进行管理，组织需要先获得业务主管部门的批准，随后再前往民政部门进行注册，需要注意的是民间组织必须具有一定的合法性地位，否则就不允许其存在与发展。除此之外，政府的资源，尤其是行政资源，与民间组织相互融合，形成了一种被称为“官办民间组织”的新模式。由于政府与民间组织之间存在着权力边界不清的关系，因此在具体的运行过程中，政府往往以“行政命令”方式来规范民间组织，使其无法真正成为一个独立的法人实体。在此种民间组织治理机制下，大量农村基层组织被排除在外，陷入了“违法”或“不合法”的尴尬境地。由于民间信仰问题不仅具有复杂性，还具有一定的敏感性，政府在管理这类组织的过程当中，可能会出现不加区分、严格控制等问题，从而使民间信仰在社会中所带来的风险得到相应的增加。

（三）疏堵结合，加强民间信仰场所管理

乡村中遍布着许多小庙和小庵，这些地方多数是民间信仰的聚集地，以往经常采用运动的方式来消除和解决这些问题，寄望于能够在一场战斗中获得“胜利”。实践证明，这种做法的效果微不足道，甚至可能适得其反，导致基层党群干群之间出现紧张和疏远的情况。究其原因，主要是因为缺乏有效的管理机制，所以在实施分类指导与属地管理原则的基础上，必须因地制宜，采取疏堵相结合的策略。近几年，各地民间信仰管理工作的探索实践已经取得了重要成果，其中包括建立民间信仰社会功能的合理利用和转换机制，以及民间信仰文化价值合理引导等，这些成果必须得到坚持与发展。为持续性地创新与完善民间信仰管理机制，县（区）应该科学制定适合民间信仰场所的布局规划，建立民间信仰场所准入的相关制度，同时要求村庙组织和基层政府双方共同签署规范管理责任书，从而有效承担民间信仰场所与活动管理的重要主体责任。

第二节　农村精神文明建设中的农村文化建设

加快农村文化建设，既能够提升农民的综合素养，进一步加快农村经济发展，又有助于对社会发展各方面进行综合的掌握，为乡村振兴提供动力，提升乡风文明建设步伐。

一、提升农村公共文化服务水平

农村公共文化服务具有重要的使命，包括在精神文化方面满足占人口比例最多的农民群众的需要、激发农民生产主动性、提升农民素养。所以，构建乡风文明最重要的两点就是建立不断优化的农村公共文化服务组织和提高相应的服务质量。

（一）弄清农民对公共文化服务的需要

在农村公共文化服务活动中满足农民主体的需求是至关重要的，为调动农民对文化的热情和期待，有关部门的领导有必要把农民对文化的需要视作推动农村文化进展的重要突破口。从多个角度探究农民的需要，为实现农村公共文化服务的有效建立，要弄清楚农民在文化领域的真实需要，并且吸引广大农民群众投身到公共文化建设过程中来。按年龄段的不同对农民群体采取差异化的文化指引，能够极大地展现公共文化服务的实际效果。这就要求本地政府以实实在在建立农民大众所需要的文化为落脚点，推进公共文化服务工作的进展。

（二）形成多元供给建设模式

政府是公共文化管理的中心，并控制着一部分文化设施的供应和建设的资金投入比例，但只有符合时代发展的趋势，才能够更有效地开展文化建设工作，同时在文化建设里添加市场经济的元素，能够促进形成更加完善和多元化的文化服务建设格局。多元化发展模式对于政府和农村都大有裨益，不仅能够减轻政府资金的压力和负担，还可以对农村公共文化建设起到广告作用，吸引社会各界的关心。

（三）完善现代公共文化服务基础设施

乡村公共文化服务质量的提升需要满足有内容、有标准、有人才、有网络的条件。县级公共文化部门的宣传引导功能和基层综合性文化服务中心的建立是推进乡村级公共文化服务全面推广的有效措施。

在教育发展和社会保障方面，农村的经济发展距离城市的经济发展还有些距离，有待进一步加强，有必要从增加财政供应、优化文化基础设施的最终保障、完善当代农村公共文化基础设施、提升建设质量和水平等方面促进乡村振兴。对基层综合性文化服务中心的有效建设、管理和使用是完善农村公共文化服务组织的基础。在农村建立文化阵营，使得农民有开展文化教育活动的场地是农村文化建设的前提。贴合乡村振兴战略，应构建基层综合文化服务中心，应展现公共文化机构的宣传引导作用，形成全面的乡村公共文化服务体系，强化服务功能。例如：在农村里的文化礼堂是一个人们活动的场地，应具有多样化的服务方向；供应文化场所的同时，应对农民进行教育宣传，使得农村精神文明和文化场所密切联系起来，激活文化阵地。

在农村基础设施优化的过程中，应掌握如下三个方面：

首先，在农村基础设施齐全、基层综合服务中心支持资金增加、农村基础设施数量和尺度优化方面对农村基层综合服务中心的作用提出了新的要求，即除了推广教育和普及文化外，还应在种类和功能方面对文化服务中心进行充实和丰富，例如：以党员的教育活动中心、推广科技知识提升本领的文化场地、能够宣传法律制度推广法律的活动阵地作为农民进行健身的活动场馆，进行体育活动。应加强公共文化资源的整合程度，进一步推动文化服务中心的免费开展，通过文化服务流动车的方式，使得文化服务与农民生活融合，走进农村，深入基层，从而推动农村文化流动服务建设。

其次，在农村基础设施建设进程中，应利用好城乡平等化发展的原则，在农村文化建设方面，增强城市对农村的帮扶事业，将农村文化服务中心作为重心进行综合管理，实现文化资源的合理配置。在农村相对贫困的区域，应在精准扶贫原则的指引下，增加资金支持，统筹建设基础设施，推动文化扶贫项目。对于革命老区和少数民族的公共文化服务建设方面，一是应加大资金投入，二是建设具有本地文化特色的基础设施，发扬农耕文明，继承优秀传统文化。

最后，增加农村公共服务功能。坚持始终把人民放在主要位置的共同建设、共同享有原则，完善农村公共文化网络设施的融合，增强对农村公共文化基础设施管理的规范化，提升农村基层的服务质量，让文化充实农民的生活，使用网络、电视、广播等互动方式，促进农村文化利民活动的开展，提升农村基层文化活动中心的使用效率，为农村文化建设进展、农村公共文化服务组织全覆盖夯实基础。

二、加快乡村文化产业发展

随着乡村振兴战略的实施，乡村文化产业也迎来了重要的发展契机。大量的文化资源就包含在我国乡村之中，并且展现出明显的地域文化特点和鲜明的文化比较优势。把乡村文化资源的优势和特点转变成社会经济发展的动力，在推进城乡一体化均衡发展的同时促进农民对日益增长美好生活需要的满足，使农民的思想觉悟和生产积极性得到提高，整体文化素养得到提升，使乡风更加文明。

（一）乡村文化产业类型

1. 乡村文化旅游产业

农村文化一般由农耕、民俗、乡土三种文化组成，赋予了农村在发展旅游产业上得天独厚的优势。首先，农村的自然风光有别于其他旅游景点，有突出的乡村性。其次，游客到农村旅游，是文化体验与自然体验的紧密结合，游客实现从自然体验——欣赏自然景观到文化体验——融入人文环境（活动、文化、生活）的升级，其乡村旅游体验进行了一个更高层次的升华。目前，发达国家的乡村旅游已经逐渐规模化、规范化、具体化。随着国内乡村旅游需求的旺盛和乡村振兴战略的实施，我国的乡村旅游业发展迅速，已成为农民致富和乡村发展的新途径。目前，乡村旅游业着力于“主题化”“乡土化”“产业化”发展，实现农村经济和社会效益的双丰收。

2. 古村镇建筑文化产业

近年来，农村古建筑在乡村旅游发展中的功能特征日益复杂、艺术性日益强化，逐渐形成了多功能、多元化的乡村建筑景观。我国古村镇资源极为丰富，如北京的京西古村落、安徽的西递宏村等，在改善土地利用、传承乡村建筑文化保护、改善生活环境等方面发挥了积极作用。与此同时，综合开发古村镇建筑文化产业使得资本积聚，对古村镇建筑进行统一规划和设计，又赋予其新的美学价值。我国有许多特色突出、历史久远的乡镇，综合考虑地理位置、交通运输、保存情况、鉴赏价值和旅游服务等方面因素，现阶段我国共有 250 多个具有旅游价值的古村镇，苏州的周庄古镇便是其中的典型代表。

3. 农事节庆文化产业

农事节庆活动以地区自然资源为支撑、以提高农产品知名度为目标，最终促进该地区的农业产业升级。通过积极创建主题农事活动、举行传统节日庆典、定期举办大型聚会等，不但促进了当地乡村旅游业的发展，而且也塑造了良好的村镇形象，提高了村镇的品牌价值，促进了村镇经济增收和形象建设。

4. 农村饮食文化产业

带有乡土风味的特色美食是农村旅游文化产业的一大亮点，是物质财富和精神财富的独特文化表达，凭着安全、健康、新鲜、美味、风味地道的优势吸引了一大批旅游者。在我国不同地区，有许多独特的农村饮食文化，各类食品及其加工产品、各种饮食习俗礼仪，在乡村旅游中具有重要地位和开发价值，不仅为乡村旅游增添了一道“风景线”，也带动了整个景区甚至周边地区的餐饮业发展，而且利用农业生产和种植资源建设融观光和生态餐饮娱乐为一体的新型模式，可为新农村建设创造新的商机。

5. 农村手工艺产业

传统的乡村工艺是指民间手工艺品（是指乡村民众为适应生活需要和审美要求，就地取材，以手工生产为主的一种工艺美术品，一般有着悠久的历史和精湛的技艺）及其传统的生产制度，包括手工艺品制作流程、材料处理、信仰、工匠关系、禁忌崇拜等，以及手工艺品本身的含义和民俗功能。农村手工艺产业通过与文化创意元素融合使其产品经济附加值得到提升。目前，全国各地的手工艺专业村、专业镇、专业县快速发展，出现了一些规模化企业，带动了周边农民增收、致富，一些龙头企业甚至可以带动几万户的家庭从事手工艺生产。农村手工艺产业甚至成为部分地区的支柱产业，在创收和增加就业等方面发挥了积极作用。

（二）发展乡村文化产业的对策

1. 提高思想认识，增强产业内生动力

促进乡村文化产业不断进步，各级政府应从如下三方面下功夫：一是提高政治站位。在农村经济社会进展甚至整体国民经济进展中，农村文化产业进展都具有十分关键的意义和价值，不但应该站在文学、经济学的视角上，而且要站在战略全局和政治学的高度上对农村文化产业发展进行审视，认真贯彻实施《中共中央 国务院关于实施乡村振兴战略的意见》等文件，在地方发展的策略规划中引入乡村文化产业，落实国家在文化产业发展方面的政策，制订有实效的措施，在战略性方面，让农村文化产业发展变为农村经济社会发展的产业担当。二是提高产业意识。应树立农村文化产业、农村经济、农村社会民生建设一体化发展观念，将农村文化产业视作农村社会关键的经济来源，完善农村产业的组成形式，降低农民无业人口，增加农民收入。三是增强对农民的教育引领。为此应增加国家富民政策的推广，更新传统农业发展模式，转变农村固有的发展理念，灌输科学化的当代产业发展观念，使得农民群众获得与时俱进的劳作观念，全力培养与新时代发展相匹配的新农村、新农民和新农业，持续提升农村文化产业内在发展动力。

2. 坚持内涵发展，把社会效益放在首要位置

文化内涵构成了文化产业的内在基础，如果没有了文化内涵，农村文化产业也就没有了内在意义。要实现农村文化产业的良性发展，应从如下四个方面开展：一是要始终把中华优秀传统文化视作农村文化产业发展的存在基础。“传统是一个民族发展的基石，是一个民族文化的根脉所系，也是一个民族现实存在的因由和走向未来的支撑点。”[①] 文化是农村文化产业得以发展和存在的前提，其中产品的制造和相关的服务是文化产品的根本核心，因此农村文化产业达到社会和经济价值的一致与发展和存在的基础，是始终对文化内涵的继承发展。二是应坚持政府的主导作用。应通过政策趋向来显现文化追求、文化观念和国家意志。这取决于文化产业本身的产业特色。三是应始终将社会效益置于首要位置。习近平总书记指出，一部好的作品，应该是把社会效益放在首位，同时也应该是社会效益和经济效益相统一的作品。因此，乡村文化产业的发展，应高举习近平新时代中国特色社会主义思想伟大旗帜，积极培育和践行社会主义核心价值观，将推进农村社会协调稳定发展视作文化产业的本质目标和突破口。社会主义核心价值观不仅凝聚着所有中国人民一致的文化探求和集中展现着现代中国精神，还是农村文化产业发展价值取向的引领和主导。四是应始终把公有制文化企业放在核心地位，充分展现公有制文化企业在农村文化产业和丰富文化市场发展中的主导作用。与

① 谢传仓．中国文化产业发展的价值取向[J]．吉首大学学报（社会科学版），2015，36（03）：116-122.

此同时，应努力吸引非公有制文化企业承担社会责任的自觉性，在面临社会效益与经济效益冲突时，应把社会效益排在首要位置。

3. 完善体制机制，加大政策支持力度

当前，只有牢牢抓住实施乡村振兴战略的大好机会，持续优化文化产业管理制度，使得农村文化产业发展具有牢固的政策保障，才能够让农村文化产业向前发展。可以从三方面着手，一是提高政府对乡村文化产业的整治水平，二是实实在在增强农村公共文化建设，三是增加乡村文化产业相关政策的投入力度。第一方面内容是农村文化产业内驱力提升的大势所趋。政府应加强致力于农村文化产业发展的主观认识，在制订和施行农村文化产业发展规划、产业标准、发展战略等有关政策方面展现主体作用，主动对农村文化产业的转型优化和构成调整进行指导和引领，完善与农村文化产业发展相匹配的政策机制、法律法规，创造农村文化产业发展和吸引资金的优良外在环境，以保证农村文化产业市场制度有效、宏观调控有度、微观主体有活力。第二方面内容包括不同级别政府要在群众文化生活推广、农村公共文化基本的设施建设、文化人才培育、文化遗产保护等层面增加投入力度，全力推动特色旅游、新兴产业、农村公共服务等不同种类的对民众有实惠的文化工程的实施，为村民供应多种多样的良好文化服务和产品，从而形成农村文化产业和公共文化服务彼此促进、彼此支撑、彼此融合的格局。在农村文化资源应用方面，应始终以科学运用和保护性拓展为原则，使得农村人居生态环境得到保护，农村优良传统文化遗产的继承和保护力度得到提升，守住中华民族文化的精髓。第三方面内容包括当下阶段政府为实现推进农村文化产业不断健康发展的目标，不但应在社会赞助与捐赠、融资与投资、税收免除等层面出台更加惠民的政策保障，而且要发挥主观能动性协调和调动、非营利组织、非政府组织等社会性力量，使他们形成合力，在技术、资金、政策、人才等层面增加对农村文化产业的资助力度，推进农村文化产业稳步良性发展。

4. 健全市场体系，拓宽企业融资渠道

党的十九大报告明确指出，应健全现代文化市场体系。推进乡村文化市场体系建设，应着重从如下几个方面着手：一是应强化农村文化市场主体建设。在此过程中，对农村支柱性文化企业的培养和对中小微文化企业的扶持都具有重要意义，前者能够起到带动、引领和示范的功能，后者能够起到重新激活市场的作用。为打造法治、公平、公正的营商环境，还应增加非公有制文化企业发展的赞助力度。二是应建立和优化农村文化市场准入机制。政府应鼓励农村文化产业踏上市场化运营的道路，充分展现市场对于资源配置的关键性作用，增强市场的导向作用，在市场中遵循适者生存的原则，通过市场挑选投资者，持续提升农村文化产业的市场化水平。三是应全面展现行业组织的功能。在带领行业良性发展层面，行业组织不但可以在社会方面对农村文化企业产生规范作用，而且可以作为不同地区打造独具特色的农村文化产业链和产业集群的关键力量。四是应主动为农村文化企业和金融机构搭建沟通合作的桥梁，支持社会不同类型投资者以合资、承包、独资、租赁等各种各样形式进行经营，扩展社会资本投资的渠道、领域和范围，实现融资路径和投资主体的多元化，搭建规范有秩序的农村文化产业投融资体系。

5. 依托资源优势，打造特色产业品牌

农村文化产业资源具有很显著的作用，对于文化产业来说，既能作为依托和基础，又能作为特点和优势。所以，以农村文化产业资源优势为根基，凸显农村传统文化特点，建立农村独特的文化产业品牌是推进农村文化产业发展的必然措施。农村文化产业资源是历经几千年时间积淀下来的中华民族的文化精华。农村文化产业将不同地区独有的文化资源作为基础，利用科技提升、创意转化和市场运作等手段，使得人们能够使用到地域特色、民族特色、农村特色显著的服务和产品。可以说农村特色文化无处不在，无论是农村的生产生活、各个角落、田舍山水中都有它的身影。在农村文化产业中，相应的文化产品及服务，十分有必要凸显这些农村文化特征，并以着力建立拥有自主知识产权的农村特色文化产业品牌，为乡村文化增添独一无二的吸引力和文化感召力，提升农村文化产业的市场竞争优势。

三、弘扬乡村优秀传统文化

在农村乡风文明建设中，优秀的传统文化既是根基也是魂魄。改革开放以来，国家对传统文化的传承保护高度重视。农村传统文化在传统文化中占据着重要地位，是传统民俗和道德的重要载体，因此，传承农村传统文化不仅可以发扬和保护传统文化，还可以弘扬和传承优秀农村乡风和民风。

（一）优秀传统文化的精神

1. 深厚的人文精神

人文精神以尊重人性和人的价值为基本关注点。中华文化具有悠久的历史，经过久远的历史凝聚而成的人文精神对当代社会具有很大的学习参考价值。中华传统人文精神内容十分丰富，就本质来说能够浓缩为民为邦本、天人合一的精神思想；和而不同、求同存异的为人处世方式；文以载道、以文育人和化人的教育思想；等等。人作为万物的主宰，在世界上失去了人的主体性也就等于没有了光明。在中国先秦以前的时期，人们尊崇着神，人自身的价值被忽视了。在先秦思想的冲击下，尊重人、关心人的观念得到了普遍认可，人应有的价值和尊严得到了彰显。在人文精神方面，中华优秀传统文化毫无疑问位于世界的领先位置，无论是以孔子和孟子为代表的儒家还是以老子、庄子为代表的道家都十分重视人的价值。

2. 勤俭持家的节俭精神

勤俭持家作为中华民族传承至今的传统美德，分别为新时代社会可持续发展和乡村振兴建设提供着道德力量和价值基础。勤俭是很重要的精神品质，作为中华民族核心精神品质之一，不仅是传统伦理道德的关键思想源泉，还是民族顽强奋斗的精神力量，还是个人修养、家族兴盛、国家富强的本质所在。“历览前贤国与家，成由勤俭破由奢”“民生在勤，勤则不匮”“业精于勤荒于嬉”“俭，德之共也。奢，恶之大也”等古人流传下来的名言，是人们在生产生活中凝练形成的思想精髓。勤俭是一种理性的生活方式和传统美德，在乡村振兴中具有极大的精神力量。

3. 敬老爱老的孝道精神

在中国传统文化中，孝道文化作为道德体系的关键内容，成为其他所有道德标准的起源和基础。中国文化是从农耕文化中孕育而来，孝敬父母可谓是一种天性，数千年以来，在生产实践中产生的根深蒂固的孝道精神，凸显了人的精神价值。“身体发肤，受之父母”，这种血缘关系是永远无法割断的，父母让每个孩子降临到世界上，并在辛勤培育下使得每个孩子具有自力更生的能力。就像乌鸦知道反哺一样，与父母生养的恩情相比，赡养、孝顺父母只是理所当然的事情。孝还有更广阔的含义，即从爱小家提升为爱大家，从爱自己的家提升为爱整个国家和人类。孝德具有深远的意义，有利于形成优良的社会道德氛围，实现老有所养、老有所终，有助于社会稳定、家庭和睦，使得乡村振兴具有了道德基础和支撑的保障。

（二）传承优秀传统文化的路径

1. 建立文化振兴机制

在现代中国特色社会主义发展阶段，政府的大力支持是优秀传统文化发展和继承的核心。在乡村振兴的大环境下，生态宜居、产业兴旺、生活富裕、治理有效等四个层面的运作经验和指标体系都很清晰，以乡风文明为代表的乡村文化振兴是一个需要长时间连续运转、比较柔性和连续提升的过程，持续不断的发展动力来源于政府对制度机制的创新。应把文化振兴当作乡村振兴的核心内容，纳入政府工作计划中，成为各部门互相合作、党和政府高度关注的刚性工作。在具体实施中，应与开展脱贫攻坚工作相同，确保有足够的资金支持，建设牢固的组织体系，安排专业的人力资源，制订可操作、可评价、科学合理的流程和标准，使得文化振兴成为硬指标而非软任务。

2. 立足农村实际，发展优秀传统文化

对于农村优秀传统文化的创新性发展，应体现在内容、形式、理念传达方面，应实现中华优秀传统文化向现代转化工作。应为优秀传统文化增添时代意义，持续为优秀传统文化充实和完善新的内容，使得其表现形式更加丰富。这就要求从源头着手，找到优秀传统文化的基础元素，持续打破旧事物推出新事物，深度探寻中华文化所具有的珍贵价值，并持续为“德、孝、公、康、敬”等优秀传统文化添加新的时代意义，并充实其表现形式。在农村社会生成“孝敬老人、邻里和睦”的家风家训和“自由平等、公平正义”的社会风气。把社会主义核心价值体系和中华优秀传统文化中丰富的民族精神融合起来，从而把中华优秀传统文化中丰富的民族精神转变成当今时代需要的时代精神。在创新性发展和创造性转化进程中，推动美丽乡村建设，成为乡村振兴有力的精神助推力和价值牵引力。尽管创新性发展和创造性转化是一个整体，但各有所指和偏重。对农村优秀传统文化的创新性发展，关键在于充分展现和应用中华优秀传统文化合理、积极、健康的内容，并为相应内容增添新的时代意义。农村优秀传统文化的创新性发展应以处理问题为使命，在满足时代需求和农民群众心愿的基础上创新发展。在传统文化中吸取思想养料，核心在于对凸显时代特点新内容的提取，不仅要与优秀传统文化连接，还要与中国特色社会主义文化相匹配。

3. 挖掘农耕文化，培育文明乡风

农耕文化对于淳化民风、凝聚人心、教化群众具有助力作用。要想充分展现农耕文化的作用就必须认识到下面两点：第一，得益于数千年的农耕文化，作为具有久远历史的文明古国，中国拥有独具特色的农耕文化资源。农耕文化具有独有的文化特点和内容，是农民在长时间农耕生产中产生的与农业生产相匹配的风俗文化。在农村，农耕文化着重显现在精耕细作中所包含和展现的文化元素和内容。在农耕文化的孕育下，农民群众形成了一种精益求精的“工匠精神”和勤劳的美德，这里所说的“工匠精神”是指做事不断追求更好，对生产对象极度关注。农耕文化所展现的人际交往观念和礼俗制度与文明风俗所展现的生活方式、社会风俗方面内容是相互融合的，农耕文化中的风俗、语言、戏剧、民歌等与文明乡风的特征相匹配。第二，应着力于提升农村民间农耕文化理事会组织的数量，拓宽教化群众的范围。组织数量的提升能够把所有农民大范围地集结到一起，最大限度地汇聚多方面力量；发挥好联系群众的优势，把积极因素凝聚到对农耕文化的发掘上。在增加组织数量的同时，扩大教化群众的范围，建设农家书屋、农耕文化博物馆，打造农耕特色文化礼堂，创建农耕园等活动场所，逐步完善教化群众的组织载体，全面展现农民精神文化生活的发展，以文化凝聚人心、教化群众。

4. 培养农村传统文化传承人

许多农村传统文化面临发展萎缩、人为破坏严重甚至有消失的迹象，后继无人是造成农村传统文化发展状况窘迫的主要原因，培养农村传统文化传承人是保护农村传统文化、发挥传统文化对乡风文明建设积极作用的关键。

培养农村传统文化传承人需要保护现有乡村艺人和培养新艺人两手抓。保护现有的乡村艺人，首先，要对当地的农村传统文化进行调研摸底，利用信息技术和互联网技术整理编撰农村传统文化统计册，建立乡村艺人档案库，使农村传统文化保护工作做到“心中有数”。其次，从当地文化建设财政支出中划拨部分资金设立专门款项，给农村传统文化传承人发放津贴补助，用于其开展传统文化或民间手艺的研究及传承，对于一些在生活上存在困难的民间艺人要重点保护，改善其生活和开展传统文化创作与传承的条件。

培养新艺人，一方面要在农村地区通过传统文化展览、乡间手艺竞赛等活动加大传统文化宣传力度，使更多的人认识到传统文化的重要性、知识性和趣味性，吸引大量的农村青年对传统文化和乡间手艺产生兴趣，并投身到农村传统文化的保护、学习和传承中。另一方面，要为农村传统文化或乡间技艺现有传承人创造开展传授文化知识和技艺的条件和平台。通过举办集中性的培训班、定期开展农村传统文化讲堂、创办乡间技能培训学校等，根据不同传统文化和乡间技艺的特征，搭建多样式的传授平台，为传承提供条件，培养更多的传承人。

第三节　农村精神文明建设中的与思想道德建设

思想道德建设是社会主义精神文明建设的重要内容，也是社会主义精神文明建设的中心环节，这是由我国社会主义社会性质决定的。思想道德建设在社会主义精神文明建设中的这种基础性地位体现在它可以为我们整个民族树立起坚实的精神支柱，为我国的社会主义现代化建设提供强大的精神动力。在新时代，加强农村的社会主义精神文明建设，必须要把思想道德建设作为一项中心工作抓紧抓好。

一、农村思想道德建设的重大意义

思想道德建设是精神文明建设的灵魂，决定着精神文明建设的性质和方向，对社会的经济政治发展具有巨大的能动作用。加强农村思想道德建设，对于提高农民的思想道德素质和思想觉悟，构建和谐的人际关系，维护农村社会稳定，促进农村社会风气的健康发展，都具有重要的意义。

（一）有助于强化主流意识形态的引领

改革开放以来，我国农村经济社会发展迅速，广大农民群众的物质生活水平有了显著提高，思想观念也发生了很大的变化。在这一过程中，随着以家庭承包经营为基础、统分结合的双层经营体制的实行，长期以来在农村中形成的以集体主义为核心的思想观念在不少地方逐步弱化，在国家、集体、个人利益的关系上出现了对国家和集体利益淡漠、个人利益至上的倾向。而在经济体制从计划经济转向市场经济的同时，市场经济所带来的与之相适应的思想文化的影响也日渐深入。市场经济强调竞争，讲求效率，奉行优胜劣汰的运行模式，扩大了人们的视野，改变了农村社会长期以来的因循保守状况，调动了广大农民群众生产的积极性、主动性和创造性，人们的主体意识、主动精神不断增强。与此同时，在市场经济发展过程中，“自我中心”的价值意识开始抬头，个人主义、利己主义、拜金主义、享乐主义也在不断滋生，甚至出现了马克思、恩格斯所讲的“商品拜物教”现象，出现贪污腐化、权钱交易、权色交易等问题，一些反科学、伪科学、封建迷信也沉渣泛起，侵袭着人们的头脑，败坏了社会风气，使人们出现了思想上的困惑、道德上的迷茫、信仰上的危机。因此，在新时代随着农村社会经济的进一步发展，迫切需要通过进一步加强思想道德教育，弘扬主旋律，传播正能量，引导农民思想道德观念向正确的方向发展，强化党在农村的以马克思主义为指导的主流意识形态的地位。

（二）有助于提升广大农民群众思想道德素质

思想道德素质是指人们在社会生产、社会生活中逐渐形成的具有比较稳定的思想观念、价值取向、道德修养和行为习惯。广大农民群众是农村社会主义精神文明建设的主体。农村社会主义精神文明建设的状况直接取决于广大农民群众思想道德素质的高低。所以加强农村社会主义精神文明建设，必须从提升广大农民群众思想道德素质做起。

人们的思想道德素质，包括两个方面：一是人们的思想素质，二是人们的道德素质。人们的思想素质主要是指人们的思想认识、思想觉悟、思想方法以及价值观念，反映的是人们对社会善美丑恶以及其他现象的认识、行为和做法。人们的道德素质主要是指人们的道德修养和道德情操，体现的是人们的道德认识、道德行为水平和道德风貌。加强思想道德建设，可以帮助广大农民群众坚定共产主义远大理想和中国特色社会主义共同理想，增强对社会主义的信念；增强他们对中国共产党的领导和中国特色社会主义道路的认同，增强他们贯彻执行党的各项方针政策的自觉性，引导他们“见贤思齐”“见不贤而内自省”；帮助他们不断提高自己的思想觉悟和道德境界，使他们形成良好的思想道德观念、思想道德行为、思想道德理想和积极向上的精神品质，增强他们的社会责任感，形成与新时代中国特色社会主义新农村建设相适应的思想观念和文明意识，调动他们参与社会主义新农村建设的主动性和积极性，为建设更加美好的社会主义新农村而努力奋斗。

（三）有助于维护农村社会的和谐稳定

农业要发展，农村要进步，稳定是前提。邓小平曾经说过，稳定压倒一切，“没有稳定的环境，什么都搞不成，已经取得的成果也会失掉”①。2016 年 4 月 25 日，习近平总书记在安徽凤阳县小岗村主持召开的农村改革座谈会上提出了“三个坚定不移”，即“坚定不移深化农村改革，坚定不移推进农村发展，坚定不移维护农村和谐稳定”。农村社会的和谐稳定，是实现乡村振兴，建设社会主义新农村的基本前提。

改革开放 40 多年来，我国农村社会已经发生了翻天覆地的变化：一方面，党的各项富民政策的贯彻落实使以经济问题为主的“三农”问题在很大程度上得到了改观；另一方面，一些非物质层面的矛盾与问题，比如环境污染、生态恶化、空巢留守、宗族之争、黑恶势力、干群矛盾以及贫富差距所带来的心理失衡等问题开始显现出来。在计划经济条件下形成的一整套农村思想道德建设体系，在很大程度上已经难以应对在市场经济条件下出现的这些新问题。这些新问题的存在，严重影响到了包括社会主义精神文明建设在内的农村经济社会各方面的建设。因此，加强思想道德建设，要通过开展思想教育，运用社会舆论的力量，借助于精神文明建设的各种赏罚机制，提高广大农民群众的思想道德觉悟，帮助他们树立起社会主义民主、法制和纪律观念，形成团结互助、平等友爱的社会主义新型人际关系，实现人与自然和谐相处，引导他们自觉抵制拜金主义、享乐主义、极端个人主义思想的影响，妥善处理好各种利益关系，形成良好的社会主义道德风尚，从而为新农村各方面的建设创造良好的、稳定的社会环境。

（四）有利于促进农村社会风气健康发展

乡村振兴，文明先行。乡风文明，既是乡村振兴的重要组成部分，也是我国

① 邓小平．邓小平文选（第三卷）[M]．北京：人民出版社，1993．

农村社会主义精神文明建设的必然要求。乡风，是“特定乡村内人们的观念、爱好、礼节、风俗、习惯、传统和行为方式的总和，是由一个地方人们的生活习惯、心理特征和文化习性长期积淀形成的，反映一个地方人们的精神风貌，是人们精神家园的底色”[①]。乡风，从内容来看，又可以具体分为村风、社风、民风、家风。村风、社风、民风、家风相互联系、相互影响、相互作用、相辅相成。乡风是一个乡村精神文明建设程度的直观反映。当前，中国农村还处于社会转型的过程中。在社会转型的过程中，旧的社会管理秩序正在被多元治理所取代，与旧的社会管理秩序相适应的社会风气也在发生着较大变化。在市场经济给农村社会带来活力和生机的同时，市场经济的负面作用对社会风气的影响也不容忽视。这种负面影响表现在人与人关系上出现了商品化倾向，在个人利益与集体利益、国家利益关系上表现为拜金主义、个人利益至上，表现在社会道德关系上，出现了道德滑坡、行为失范，在一些地方陈规陋俗、封建迷信又沉渣泛起，甚至出现黄赌毒问题。因此，加强思想道德建设，可以提高广大农民群众的思想道德认识水平，使先进的思想观念和道德规范真正扎根于农民，规范人们的言行，促使人们能够自觉地崇尚科学、抵制迷信、移风易俗、破除陋习，形成科学、文明、健康的生活方式，将践行社会主义核心价值观融入广大农民群众的社会生活，培育文明的乡风、良好的家风和淳朴的民风，形成团结互助、扶贫济困、平等友爱，融洽和谐、文明向上的良好社会风尚。

二、农村思想道德建设的新要求

2019年，中共中央、国务院印发的《新时代公民道德建设实施纲要》指出：“中国特色社会主义进入新时代，加强公民道德建设，提高全社会道德水平，是全面建成小康社会、全面建设社会主义现代化强国的战略任务，是适应社会主要矛盾变化、满足人民对美好生活向往的迫切需要，是促进社会全面进步、人的全面发展的必然要求。”[②]新时代新任务新使命对加强农村的思想道德建设也提出了新要求。

---

① 张颖．五风并举共育乡风文明[N]. 闽北日报，2006-7-21.

② 本书编写组．新时代公民道德建设实施纲要[M]. 北京：人民出版社，2019.

（一）解决社会主要矛盾的必然要求

党的十九大报告指出："中国特色社会主义进入新时代，我国社会主要矛盾已经转化为人民日益增长的美好生活需要和不平衡不充分的发展之间的矛盾。"[①]改革开放以来，特别是党的十八大以来，随着我国经济社会的快速发展，人们的物质生活条件已经有了极大的改善，这极大地提升了人们的"四个自信"，人们的理想信念也更加坚定，人们的精神面貌也焕然一新，团结、互助、进取、和谐的社会风尚逐渐形成。另外，我国思想道德文化产品的服务能力不断提高，思想道德文化产品也不断丰富，基本满足了人们对思想道德文化的基本需求，取得了令人瞩目的成绩。与此同时，人们对美好思想道德生活的需要也日益增长起来。但是，面对人们日益增长的美好思想道德生活的需要，社会提供的美好思想道德生活和服务能力却相对不足，且落后于经济社会发展的速度。

新时代社会主要矛盾的转化，在思想道德建设方面，就表现为人们日益增长的美好思想道德生活需要和思想道德建设发展不平衡不充分之间的矛盾。如果说，在进入新时代之前，思想道德建设的主要任务是建立与社会主义市场经济发展相适应的思想道德体系，培养一代又一代有理想、有道德、有文化、有纪律的社会主义建设者，使国家与人民早日"富起来"。那么，进入新时代之后，思想道德建设的主要任务则变为建立与全面建设社会主义现代化强国相适应的思想道德体系，满足人民对美好生活向往，促进社会全面进步、人的全面发展，培养和造就担当民族复兴大任的时代新人，尽快让国家与人民"强起来"。由此可见，加强思想道德建设，也是解决新时代社会主要矛盾的必然要求。

（二）实现乡村振兴的题中应有之义

2018年2月，中共中央、国务院在《关于实施乡村振兴战略的意见》中指出：推动乡风文明建设，必须以思想道德建设为基础[②]。同年9月，中共中央、国务院又在《乡村振兴战略规划（2018—2022年）》中进一步提出，实现乡村振兴，必须坚持自治为基、法治为本、德治为先，以德治滋养法治、涵养自治，让德治贯

① 本书编写组．中国共产党第十九次全国代表大会文件汇编[M]．北京：人民出版社，2017．

② 本书编写组．中共中央国务院关于实施乡村振兴战略的意见[M]．北京：人民出版社，2018．

穿乡村治理全过程，要努力提升乡村德治水平[①]。事欲成，先立魂。实施乡村振兴战略，是党的十九大作出的重大决策部署。实施乡村振兴战略，必须发挥思想道德建设立根固本、凝魂聚气的作用。首先，加强思想道德建设能够帮助广大农民群众解放思想，打破小农意识的束缚，树立科学发展、绿色发展的现代化农业意识并掌握科学的农业生产方法，为实现乡村振兴战略奠定思想基础。其次，加强思想道德建设还能够推动农村移风易俗，破除封建迷信、陈规陋习。这是实现乡村文明的必要条件。最后，思想道德建设能够帮助农民群众形成环保理念，并提高其改善生态环境的能力，是实现生态宜居的内在要求。中共中央、国务院在《关于实施乡村振兴战略的意见》中进一步指出“乡村振兴，乡风文明是保障”，加强农村思想道德建设，要“以社会主义核心价值观为引领，坚持教育、实践养成、制度保障三管齐下，采取符合农村特点的有效方式，深化中国特色社会主义和中国梦宣传教育，大力弘扬民族精神和时代精神。加强爱国主义、集体主义、社会主义教育，深化民族团结进步教育，加强农村思想文化阵地建设。深入实施公民道德建设工程，挖掘农村传统道德教育资源，推进社会公德、职业道德、家庭美德、个人品德建设。推进诚信建设，强化农民的社会责任意识、规则意识、集体意识、主人翁意识”[②]。由此可见，实施乡村振兴战略，必须大力加强农村思想道德建设。

（三）抓好网络空间思想道德建设的时代呼唤

2019 年，中共中央、国务院印发的《新时代公民道德建设实施纲要》针对新时代的新变化，创新性地提出了“抓好网络空间道德建设”。21 世纪以来，互联网极大地改变了人民群众的生活方式，并为思想道德建设提供了新的空间和新的载体。为了满足人民日益增长的生活需求，农村思想道德建设必须深入实施网络内容建设工程、培养文明自律网络行为、丰富网上道德实践、营造良好的网络道德环境。一要加强网络内容建设。网络信息内容广泛影响着人们的思想观念和道德行为，因而必须通过强化网络综合治理，加大对网上突出问题的整治力度，清

① 中共中央 国务院印发《乡村振兴战略规划（2018—2022 年）》[J]. 中华人民共和国国务院公报，2018（29）：9-47.

② 本书编写组．中共中央国务院关于实施乡村振兴战略的意见 [M]. 北京：人民出版社，2018.

理网络暴力、色情、低俗等内容，弘扬主旋律，激发正能量，以科学的理论和优秀的文化促进网络空间日益清朗。二要培养文明自律网络行为。文明自律的网络行为是网络空间思想道德建设的基础，要通过建立和完善网络行为规范，明确网络是非观念，推动互联网企业自觉履行主体责任、承担社会责任，依法依规经营，并引导广大网民文明互动、理性表达，自觉维护良好网络秩序。三要丰富网上道德实践。以"互联网＋公益""互联网＋慈善"模式为代表的网上道德实践活动，极大地促进了网络公益队伍日益壮大，形成线上线下踊跃参与公益事业的生动局面，通过广泛开展形式多样的网络公益、网络慈善活动，扎实推进新时代文明实践中心和县级融媒体中心建设，讲好美德故事，激发全社会热心公益、参与慈善的热情。四要营造良好的网络道德环境。通过加强互联网管理，引导网络行为主体生产、传播格调健康、积极向上的网络文学、网络音视频、热点话题等，让正确的道德取向成为网络空间的主流。

（四）将个人品德建设作为道德建设的一个着力点

党的十九大报告提出，加强思想道德建设，必须"深入实施公民道德建设工程，推进社会公德、职业道德、家庭美德、个人品德建设，激励人们向上向善、孝老爱亲，忠于祖国、忠于人民"①。2018年，中共中央、国务院印发的《乡村振兴战略规划（2018—2022年）》提出："深入挖掘乡村熟人社会蕴含的道德规范，结合时代要求进行创新，强化道德教化作用，引导农民向上向善、孝老爱亲、重义守信、勤俭持家。建立道德激励约束机制，引导农民自我管理、自我教育、自我服务、自我提高，实现家庭和睦、邻里和谐、干群融洽。"②2019年，中共中央、国务院在《新时代公民道德建设实施纲要》中提出："要把社会公德、职业道德、家庭美德、个人品德建设作为着力点。推动践行以文明礼貌、助人为乐、爱护公物、保护环境、遵纪守法为主要内容的社会公德，鼓励人们在社会上做一个好公民；推动践行以爱岗敬业、诚实守信、办事公道、热情服务、奉献社会为主要内容的职业道德，鼓励人们在工作中做一个好建设者；推动践行以尊老爱幼、男女

① 本书编写组．中国共产党第十九次全国代表大会文件汇编）[M]．北京：人民出版社，2017.

② 本书编写组．中共中央国务院关于实施乡村振兴战略的意见[M]．北京：人民出版社，2018.

平等，夫妻和睦、勤俭持家、邻里互助为主要内容的家庭美德，鼓励人们在家庭里做一个好成员；推动践行以爱国奉献、明礼遵规、勤劳善良、宽厚正直、自强自律为主要内容的个人品德，鼓励人们在日常生活中养成好品行。”[①] 与2001年的《公民道德建设实施纲要》相比，《新时代公民道德建设实施纲要》在原来“三德”（社会公德、职业道德和家庭美德）建设的基础上，增加了“个人品德建设”，将“三德”建设深化为“四德”建设。从“四德”建设的关系来看，一方面，“四德”建设无疑是构成社会主义道德建设体系的一个有机统一体；另一方面，社会公德职业道德和家庭美德实际上都是建立在个人品德基础之上的，是以个人品德修养为基础的。由此可见，在新时代，在人们的基本物质文化需求得到满足之后，人们在获得了相对自由而全面发展的同时，社会也更加注重个人品德的建设，将个人品德建设作为道德建设的一个出发点和归宿点。

三、农村思想道德建设的对策建议

马克思指出：“人的本质不是单个人所固有的抽象物，在其现实性上，它是一切社会关系的总和。”[②] 根据马克思对“人的社会性”的重要判断，在研究新时代农村思想道德建设时必须结合农民这个特定教育对象所处的社会环境进行科学分析，从整体上了解和把握农民思想道德建设的真实状况。

（一）大力加强农村思想道德教育

1. 大力加强对农民的思想教育

（1）大力加强社会主义核心价值观的宣传教育

培育和弘扬社会主义核心价值观是凝魂聚气、强基固本的基础工程。弘扬社会主义核心价值观是新时代加强农村思想道德建设的关键所在。如何使社会主义核心价值观内化为农民的精神追求、外化为农民的自觉行动是加强农村思想道德建设要解决的重大课题。

第一，推进主题道德实践活动常态化、制度化。比如，2012年以来，河北省积极倡导和开展“善行河北”主题道德实践活动，将24字社会主义核心价值观

---

① 本书编写组．新时代公民道德建设实施纲要[M]．北京：人民出版社，2019．

② 马克思，恩格斯．马克思恩格斯选集（第1卷）[M]．北京：人民出版社，1995．

具体化、实践化，号召每个燕赵儿女，“做一个乐于助人的河北人、做一个诚实守信的河北人、做一个孝老敬老的河北人”，为在燕赵大地上践行社会主义核心价值观提供浓厚的道德舆论环境和道德文化土壤。为响应号召，广大党员群众积极参与，涌现出多种多样的善行文化教育和实践模式，比如最美乡村医生、开设“农村道德讲习所”、以村为单位拍摄纪实影片等，充分说明该项活动在改善农民群众精神风貌过程中发挥着很大的促进作用。因此，进一步推动主题道德实践活动常态化、制度化，是加强农村思想道德建设的内在要求。

第二，在农村开展社会主义核心价值观的宣传教育活动，要采取符合农村特点、农民“口味”的方式、方法，通过创新载体培育和弘扬社会主义核心价值观，让农民在生产生活中时时、处处都能感受到社会主义核心价值观。广大农村地区仍然为“熟人社会”模式，舆论能够强有力地影响农民的价值取向和行为偏好，基层党委、政府可以通过表彰“示范户”“先进个人”等方式引领农民自觉践行社会主义核心价值观。同时，鼓励社会力量参与共建优质农村公共文化基础设施，通过构建多层次的农村文化传播模式，多管齐下、相互联动、形成合力，营造丰富多彩、活泼有趣、形式多样的农村文化生活，让农民在文艺活动中拓宽视野、转变观念，自觉学习、宣传和践行社会主义核心价值观。

（2）大力加强中国特色社会主义和中国梦宣传教育

习近平总书记指出，实现中华民族伟大复兴，就是中华民族近代以来最伟大的梦想；中国梦是全国各族人民的共同理想。而农业是国民经济的基础，直接关系国计民生，是实现中国梦的基础和前提。

实现中国梦，基础在“三农”。在农村地区加强中国特色社会主义和中国梦宣传教育，必须坚持“贴近农村实际、贴近农民生活、贴近农民需求”的原则，采取农民群众喜闻乐见的宣传教育形式，使广大农民易于接受、乐于学习，积极参加，并切实得到实惠。

第一，加强学习培训，因材施教，融入农民教育全过程。将中国特色社会主义和中国梦教育贯穿于基础教育、高等教育和成人教育各个领域，分层分类采取课堂领学、个人自学、专家授课等多种方式，通过召开专题学习分享会、知识竞赛、演讲比赛等多种形式，推动农村的学习热潮。与此同时，要抓好重点人群的宣传教育。乡村党员干部要将中国特色社会主义和中国梦作为日常学习的必修课，先学一步、深学一层。学生思想活跃、接受性强、可塑性强，要深化未成年人思想道德建设和大学生思想政治教育，通过构建中国特色德育课程体系，以中小学德育课和高校思想政治理论课为载体，推动中国特色社会主义和中国梦教育进教材、进课堂、进头脑。

第二，组织开展主题教育，广泛开展群众性精神文明创建活动。习近平总书记强调，实现中华民族伟大复兴的中国梦，物质财富要极大丰富，精神财富也要极大丰富。要利用党和政府重大政策出台，建党周年纪念日、春节等重要节点，国际形势发生重大变化等重要契机，组织开展多种形式的主题教育，寓中国特色社会主义和中国梦教育于主题鲜明、丰富多彩、充满活力的主题教育之中。要深入贯彻习近平总书记重要讲话精神，坚持以人民为中心的发展思想，结合乡村振兴战略的实施，广泛开展群众性精神文明创建活动，全面推进“十个一”建设，即每个村建设一个村民中心、一个文化广场、一条乡风文明示范街、一批善行功德榜、一套村规民约、一个红白理事会、一个道德讲堂、一支志愿者队伍、一支新乡贤骨干队伍，每年评选表彰或复检一次“十星级文明户”和“五好文明家庭”等，不断把中国特色社会主义和中国梦教育引向深入，在全社会形成奋发向上、崇德向善的文明新风尚。

（3）大力加强形势政策教育

我国现在正处于全面建成小康社会的巩固阶段，在这样一个时期集中开展形势政策宣传教育，对于统一广大农民群众的思想，紧紧抓住我国发展的重要战略机遇期，推动农村经济实现高质量发展，加强农村思想道德建设具有极其重要的意义。在我国城乡二元体制背景下，普通农民群众尤其是少数民族、偏远地区的农民对国家形势与政策相对陌生，缺少对国家形势与政策的正确理解，有的农民甚至连涉及切身利益的政策也不了解。例如，耕地地力保护补贴、农机购置补贴等，农民只知道自己享有一些惠农政策，但具体是什么政策、发多少钱、发放标准是什么都不甚清楚。开展形势政策教育，可以帮助广大农民认清形势、明确任务、掌握政策。其根本目的在于让广大党员干部和群众知晓形势政策，明确目标任务，为加强农村思想道德建设全面建成小康社会提供有力的思想保证和强大的精神动力，使形势政策宣传教育的过程成为统一思想、凝聚力量的过程，成为提高农民综合素质的过程，成为推动农村经济社会高质量发展的过程。

党的十九大报告指出，我国已经进入社会主义新时代，当前社会主要矛盾已经转变为人民日益增长的美好生活需要和不平衡不充分的发展之间的矛盾。主要矛盾的转变对新时期农村形势政策教育提出了新的要求：第一，以习近平新时代中国特色社会主义思想统领农村形势与政策教育全过程。习近平新时代中国特色社会主义思想强调“以人民为中心”的治国理念，形势政策教育应把促进农村全面进步和农民全面发展作为基本落脚点，在工作理念和工作方式上都要体现人文精神和人文关怀。坚持“高质量发展”，把推动农村经济社会发展转入高质量发展轨道作为宣传教育的根本点，使农村形势政策教育能够把握规律性，体现时代性和富有创造性。第二，既要开展集中学习，又要坚持日常教育。党的十八大以来。中央先后在全党全社会组织开展党的群众路线教育实践活动、“三严三实”专题教育活动、“两学一做”学习教育和“不忘初心、牢记使命”主题教育，对于宣传党的理论、路线、方针、政策起到了积极作用。需要注意的是，形势政策教育是一个循序渐进的过程，农民群众需要一个逐步理解、逐步消化的过程。因此，在农村开展形势政策教育，要采取灵活多样的方式，把集中学习和经常性教育结合起来，使形势政策教育日常化、制度化。这就需要农村基层党组织、行政机关和专门机构把形势政策教育作为一项长期的战略任务，整合和运用多种资源，努力开辟农村形势政策教育的新局面。第三，既要用好传统手段，又要创新方法载体。创新是一个民族进步的灵魂，随着农村社会经济环境的不断完善，特别是新媒体手段的有效运用，传统的宣传教育方式已经不能完全满足农民群众的发展需要。新时期形势政策教育要针对不同群体，创新活动载体，注重整体效果，努力增强针对性、指导性和实效性。要充分考虑到农民生产生活实际和素质水平，找准宣传教育与农民切身利益的结合点，把理论与生活贯通起来，用事实和数据说话，深入浅出、生动形象地进行宣传教育。充分发挥农村基层党组织在农村经济社会发展中的战斗堡垒作用，坚持用集中培训、座谈会、演讲、家访、通俗读物、手机短信、微博、QQ 群、漫画和画报等富有特色的形式，鼓励农民开展自我教育。

2. 大力开展农村道德教育

农村社会能否长治久安，乡风文明程度能否持续提高，在很大程度上取决于农民的道德素质。新时代加强农村思想道德建设，必须大力倡导讲道德、尊道德、守道德，深入实施《新时代公民道德建设实施纲要》，以全面推进社会公德、职业道德、家庭美德、个人品德建设为着力点，不断提高农民群众的道德素质。

（1）推进社会公德建设

社会公德是指公民在社会交往和公共生活中必须共同遵守的准则，是社会普遍公认的最基本的行为规范。新时代农村社会公德建设是实现乡村振兴的精神动力和思想保障，社会公德水平的高低直接影响着农村社会秩序，社会风气和社会凝聚力的高低是农村文明程度的外部标志。农民作为社会道德建设的重要主体必然负有遵守社会公德的责任。根据《新时代公民道德建设实施纲要》的相关要求，新时代农村道德建设推动实践以“文明礼貌、助人为乐、爱护公物、保护环境、遵纪守法”为主要内容的社会公德，鼓励农民在社会上做个好公民。这为新时代加强农民社会公德建设指明了方向：农村社会公德建设是一项系统工程，需要以规则意识和责任意识培育公德，以制度和法律保障公德。

（2）培育农民职业道德

新型职业农民概念提出后，地方各级人民政府配套出台了许多培育政策，但各地政府的普遍做法是注重理论知识和科学技能的培育，缺少职业道德、职业规范的相关培训，违规生产、滥用农药、污染土地、失信经营等农业生产经营活动失范行为时有发生。新时代农民思想道德建设对农民职业道德提出了更高的要求，即推动实践以爱岗敬业、诚实守信、办事公道、热情服务、奉献社会为主要内容的职业道德，鼓励农民做一个优秀的现代化农业建设者。由此可见，培育农民职业道德需要从增强农民对自身职业的认同感出发，提高农民职业能力与素质，树立诚实守信、奉献社会的职业道德意识。首先，要通过宣传培训让农民认识到农业在国民经济发展中的重要地位，认识到农民在历史进程和当今社会发展中的重大使命和重要价值，产生“以农为荣”的职业观。其次，通过举办科普性讲座、举办职业培训班等方式，提高农民职业能力与素质，改变部分农民一心提高农产品产量，不重视质量的状态，培育农民工匠精神。最后，加大对农产品质量安全的监管力度，树立反面典型，发挥榜样力量，培育农民诚实守信、奉献社会的职业道德意识。

（3）大力弘扬家庭美德

家庭美德是道德教化的最初来源。家庭是社会最基本的细胞，只有大力弘扬家庭传统美德，才能夯实社会道德大厦的根基。不论时代如何变化，我们都应当重视培育家庭美德，紧密结合培育和弘扬社会主义核心价值观，继承中华民族传统家庭美德，涵养新家风。大力弘扬家庭美德，需要不断完善家庭美德的价值范畴。传统家庭美德在其形成和发展过程中，不可避免地会受到当时的时代背景、人们的认知水平以及社会制度的局限性的制约和影响，因而不可避免地存在“陈旧过时”的部分，这就要求我们在弘扬传统家庭美德时坚持古为今用，推陈出新，结合新时代的要求进行正确取舍，取其精华，去其糟粕。新时代家庭美德主要以尊老爱幼、男女平等、夫妇和睦、勤俭持家、邻里互助为主要内容。鼓励农民在家庭中做一个好成员。家是最小国，家庭美德的培育和弘扬，需要每个家庭成员全心投入、广泛参与，营造良好的家庭氛围。家长要在家庭生活中重言传、重身教、教知识、育品德，以身作则、耳濡目染，用正确道德观念塑造孩子美好心灵；子女要传承中华孝道，感念父母养育之恩，感念长辈关爱之情，养成孝敬父母、尊敬长辈的良好品质；倡导忠诚、责任、亲情、学习、公益的理念，让家庭成员相互影响、共同提高，在为家庭谋幸福、为他人送温暖、为社会做贡献的过程中提高精神境界、培育文明风尚。

（4）不断加强个人品德

个人品德是人们在日常生活中个人行为道德特点和伦理价值倾向性的体现。社会公德、职业道德和家庭美德是个人的外在品德，其最终实现依赖于个人品德的养成。提升农民个人品德，是新时代农民道德建设的核心内容。《新时代公民道德建设实施纲要》提出，要涵养以爱国奉献、明礼遵规、勤劳善良、宽厚正直、自强自律为主要内容的个人品德，鼓励农民在日常生活中养成好品行。同时，加强农民个人品德建设，要着重做好三个重点群体——党员干部、青少年和公众人物的道德养成。农村党员干部的道德操守对农村道德风尚有着直接影响，不仅要全面落实从严治党要求，加强政德修养，坚持法律红线不可逾越、道德底线不可触碰，而且要践行忠诚老实、正心修身、严于律己、廉洁齐家，在道德建设中作出表率。青少年是国家的希望、民族的未来，是农村经济社会可持续发展的后备力量。提升个人品德修养要从小的时候就开始培养，要指引青少年将正确的道德认识、道德习惯习得、自主的道德实践密切联系起来，要从中华民族传统美德中获得道德养分，从英雄人物和时代榜样身上体会道德风范，从自我反省中提高道德素养。学校、家庭、政府、社会要引导青少年树立远大志向，形成好思想、好品德、好习惯。因为公众人物具有很大的影响力和很高的知名度，应鼓励他们积极承担社会责任，并不断提升个人品德，重视道德自律，主动接受舆论和社会的监督，塑造优良的社会形象。

（5）大力开展诚信教育

人无信不立，家无信不睦，业无信不兴，国无信不宁。诚信是社会主义核心价值观的重要内容，是新时代农村社会和谐的基石和重要特征。党的十八大以来，我国加快推进社会信用体系建设，不断扎牢制度的笼子，全社会逐渐形成“一处失信，处处受限”的良好态势。然而，农民失信行为仍然存在，是新时代加强农村思想道德建设的痛点和难点。要解决诚信缺失问题，就必须在农村大力开展诚信教育，建立农村信用体系。

（6）大力弘扬诚信文化

诚信文化根植于中华民族的道德沃土，要继承发扬中华民族重信守诺的传统美德，弘扬与社会主义市场经济相适应的诚信文化。弘扬诚信文化有助于推动农民将诚信意识内化于心、外化于行。弘扬诚信文化就要在农村强化诚信观念、树立诚信意识，使诚实守信深入民心，帮助农民形成正确的价值观，并逐步成为其共同遵循的基本准则。要深入开展群众喜闻乐见的诚信创建活动，以实践活动为载体，让诚信文化在农民的生产和生活中生根发芽。搭建公共舆论空间，“对症下药”，在农村“熟人社会”体制下充分利用广播、电视等传统媒体，以及微信、QQ、短视频平台等新媒体，通过召开群众座谈会、设计诚信专题宣传栏等方式，宣传诚信先进典型，曝光身边的不诚信行为，营造“讲诚信光荣、失诚信可耻”的道德氛围。

（7）建立健全农村信用体系

良好的信用是经济社会有序运行的前提，建立健全农村信用体系是建设诚信农村、培育诚信农民的基础工程。首先，新时代建立健全农村信用体系，要充分运用“互联网 +”和大数据思维，以采集农民信用信息、完善农民信用记录和信用信息共享为重点，整合税务、工商、金融、社保、公安等方面资源，搭建诚信记录平台，推动农民电子信用档案建设。其次，以“实事求是、科学合理、公正公开”为原则，开展农民信用评级工作。再次，把培育“诚信农民”的要求融入乡规民约，增强农民对诚信的价值认同感。最后，要完善农民守信激励和失信惩戒机制。一方面，开展“信用户”“信用村”“信用乡（镇）”的创建活动，并给予其精神奖励和物质奖励，通过正面典型激励农民做诚实守信好公民；另一方面，明确对不守信行为的惩戒措施并加大惩罚力度，如建立不良信用记录公示制度、罚款等。让守信者有“甜头”，让失信者有痛感，营造出重信守诺的良好氛围。

（二）深入推进农村思想道德建设实践养成

实践是检验真理的唯一标准。新时代农村思想道德建设只有不断与时俱进、不断解决新的实际问题，才能够保持其强大的生命力。要坚持提升思想道德认知与推动思想道德实践相结合，坚持以人民为中心的发展理念，尊重农民的主体地位，引导农民树立正确的道德观念，提升道德实践水平特别是自主实践水平，引领农民追逐和向往讲道德、尊道德和守道德。

1. 深化群众性创建活动

在农村思想道德建设方面，可以把群众性创建活动视作自我教育和自我提升的生动事例。群众性创建活动的举办需要具备如下特点，应凸显道德要求，丰富道德内容，在群众性创建活动整个过程中，应始终与个人品德、社会公德、家庭美德、职业道德建设相关联。文明村镇的建设应始终坚持为民服务、为民谋利益、为民谋实惠的原则，凸显宜居宜业、文明和谐的特点，持续提高农村文化素养和社会政治水平。在文明单位和公司的创建过程中，至关重要的是对农民职业素养的培养和展现，要指引农民不断提升职业素养，为社会供应良好的农产品及相应的服务，勇敢承担社会责任。文明家庭的建立应将关注重点放在培育家庭美德，发扬良好家风，挖掘、整理家规家训，开展“好家风”“好家训”评选活动；组织评选新乡贤，组织评选“好媳妇”“好女儿”“好公婆”等；举办寻找“最美乡村教师”“最美乡村医生”等活动，广泛开展“星级文明户”评比。

2. 深入推进志愿服务活动

志愿服务活动是践行社会主义道德的重要途径。例如，近年来，河北省着力推进新时代志愿服务实践中心建设，志愿服务已经成为乡村治理的新手段和新载体。河北石家庄、邯郸、邢台等地通过推行志愿服务项目，使志愿服务内容涵盖扶贫帮困、公益救援、矛盾调解、疫情防控、人居环境整治等生产生活各领域，不断以基层的创造力激发文明实践的生命力，实现了群众需求在哪里，志愿服务便延伸到哪里。增加农村支援服务活动的举办力度，应发扬雷锋精神和友爱、奉献、进步、互助的志愿精神，围绕重大活动、扶贫救灾、敬老救孤、恤病助残、法律援助、农村支教、生态宜居等，引导农民把志愿服务活动作为生活方式、生活习惯。加快推进农村志愿者队伍规范化建设，既能够有效推进农村治理，也助力提升乡风文明水平。要进一步创新观念和制度机制，给予专门经费和专业培训力量支持，表彰先进榜样，增强农村志愿服务发展动力，引导他们向专业化和规范化方向发展，为乡村振兴作出更大贡献。应优化奖赏褒奖机制，促进志愿服务常态化、制度化的形成，使得“我为人人、人人为我”的风气流行起来。

3.广泛开展移风易俗行动

把去除封建迷信、不好的古代习俗，提倡建设文明乡风作为思想道德建设的关键目标。首先，要在农村广泛开展弘扬时代新风行动。应在农村发展的实际过程中，利用举办文明出行、文明就餐、文明交谈、文明就业等活动的方式，引领农民主动遵从公共交往中的文明规范。其次，发挥农村基层党政机关和社会组织的力量，完善农村社会治理，推动农村交通设施、医疗环境、文体场馆等基础设施的建设和管理，完善农村公共空间，提高服务质量，为农民提升公共意识和规则意识、发扬文明新风提供良好环境。再次，要挖掘并创新乡土文化，充分展现村规民约、新乡贤、道德评议会、红白理事会等的作用，协商处理内部矛盾，破除铺张浪费、薄养厚葬、虚荣攀比等不良风俗，以科学精神和科学知识抵制迷信和腐朽落后文化，严防极端宗教思想和非法宗教势力的侵蚀。最后，要引导农民积极践行绿色生产生活方式。通过实施乡村振兴战略，推动农村围绕世界环境日、全国节能宣传周等重要节日，广泛开展多种形式的主题宣传实践活动，坚持人与自然和谐共生，树立绿水青山就是金山银山的理念，增强节约意识和环保意识，杜绝奢华浪费，引导农民做生态环境的保护者和建设者。

4.构建道德报偿和道德监督机制

亚当·斯密（Adam Smith）在《道德情操论》中提出，基于行为“合宜性”而取得报偿最能鼓励和促进美德的发扬光大，而意欲或所产生结果的有害性也决定了其行为应当受到惩罚。构建道德报偿和道德监督机制不仅事关个人道德水平修养，也成为公序良俗的重要实现方式。由此可见，思想道德建设既应该依靠教育倡导，又应该进行有效治理。应采用综合方案、治标治本的方法，综合应用法律、行政、舆论监督和社会管理等多种措施，有效惩办丧失道德底线、无德败德的行为。在道德领域以举办凸显问题专项治理活动的方式，持续优化社会文化环境。针对现实存在的诋毁英雄、伤害民族感情的恶劣言行，尤其是对于有损国家尊严、出卖国家利益的媚外分子，要依法依规严肃惩戒，发挥警示教育作用；针对食品安全、产品安全、生态环境、社会服务等领域的突出问题，要逐一清理整治，让败德违法者受到惩罚、付出代价；针对日常生活中存在的乱扔垃圾、恶意中伤、破坏公物等行为，要严厉批评、责令道歉或恢复原貌，将失德行为和相关人员列入黑名单。建立道德奖惩常态化机制，形成扶正祛邪、惩恶扬善的社会风气。

（三）加强农村思想道德基础设施建设和文化服务

1. 加强思想道德阵地建设

思想道德教育阵地是针对广大农民群体进行思想政治教育的基础。巩固和拓展农村思想道德阵地，是培育和弘扬社会主义核心价值观，防御各种落后腐朽思想侵蚀的必然要求，也是保障农民基本文化权益，不断满足农民对美好生活向往的必然要求。农村基层党组织、基层单位、社区都应当高度重视巩固和拓展农村思想道德阵地，利用各种思想道德阵地有针对性地加强农村思想道德建设。一要有效利用广播、电视、报纸、宣传墙等传统媒介，同时加强农村文明实践中心建设，依托地方融媒体中心建设，推进农村地区大范围举办中国特色社会主义文化、社会主义思想道德学习教育活动，引领农民提升思想觉悟、道德水平和文明素养。应加强对爱国主义教育基地和革命纪念设施的保护利用，丰富展陈内容，充实思想内涵，因地制宜创新展示方式，提升教育功能。要在农村地区兴建图书馆、文化馆、纪念馆、青少年活动中心等公共文化设施，用好宣传栏、显示屏、广告牌等户外媒介，结合农民群众特点有针对性地开展思想道德教育，营造明德守礼的浓厚氛围。二要抓好网络空间道德阵地建设。随着互联网的迅速普及，网络空间已经成为人们社会生活的崭新场域，为道德实践提供了新的空间和新的载体。

新时代农村思想道德建设要主动适应信息化条件下社会生活空间的拓展和样态的多样化，把网络空间道德建设作为一项重点工作。首先，要抓好网络内容建设。网络信息的内容广泛影响着农民的思想观念和道德水平。要深入实施网络内容建设工程，弘扬主旋律，激发正能量，让科学理论、正确舆论、优秀文化充盈网络空间，要围绕思想道德建设工作大局，以“接地气”的方式，把诚信建设、移风易俗等重点工作转化为通俗易懂、易于接受的网络语言，以文字、图片、短视频等形式传播出去，壮大主流价值观的声音。其次，要建立和完善网络行为规范，明确网络是非观念，引导网民和网络从业人员、企业遵德守法、文明互动、理性表达，自觉维护良好网络秩序。最后，要加强网络监管，强化网络综合治理，建立完善新技术、新应用道德评估制度，反对网络暴力行为，依法惩治网络违法犯罪，促进网络空间日益清朗。

2. 加强农村思想道德建设文化服务

文以载道，文以传情，文以植德。新时代农村思想道德建设要注重以优秀的文学艺术作品培育农民道德情操，以培养和实践社会主义核心价值观为根本内容，始终把以人民为中心作为文艺创作的趋向，塑造越来越多富有乡土气息、赞颂党、赞颂祖国、赞颂农村时代变迁、赞颂奉献和劳动的精心作品；提倡文艺人员扎根农村，在默默奉献中弘扬真善美，发扬高尚的道德追求和思想境界。应始终将社会效益作为核心，提倡鼓励有品位、有责任、有格调的文艺作品进入农村，拒绝低俗、媚俗、庸俗的作品。应将社会主义道德规范当作文艺评奖、评论、评价的指标，更好地发挥文化产品传播正道、弘扬正气的正面作用。要充分发挥礼仪礼节的教化作用，规范开展道德模范、先进个人、文明家庭等荣誉表彰制度，规范开展入党入团、升国旗、奏唱国歌等仪式，强化仪式感和参与感，增强农民对党和国家、村集体的认同感和归属感。应全面发挥关键纪念日和传统节日、农村集会等优势，组织举办群众性文化实践活动，充实道德情感和体验。应探索如何传承农村优秀传统文化，与当代文明需要的文明用语、社会礼仪、服装服饰标准相匹配，引领人们重视礼节、讲文明。

第四节　农村精神文明与农村生态建设

“生态文明是指调整人与自然、人与人、人与社会关系的物质成果与精神成果的总和。”① 之所以要强调生态文明的建设，是因为农村地区生态环境是促进乡

① 毛明芳．生态文明的内涵、特征与地位——生态文明理论研究综述[J]. 中国浦东干部学院学报，2010，4（05）：92-96.

风文明建设环境氛围的重要支撑力和动力源泉，农村生态环境的优劣是判断乡风文明程度高低的重要指标之一。

一、农村生态文明建设面临的问题

当前，我国农村地区生态环境的污染和破坏已成为制约农村乃至整个社会发展的瓶颈，加强生态文明建设已是迫不及待的任务。

（一）生态和农村精神文明建设的关系

建设生态文明是关系人民福祉、关系民族未来的大计，既要绿水青山，又要金山银山。人能够改变身边的环境，环境也可以影响人、塑造人，二者是相辅相成、互相促进和制约的关系。农村的生态环境作为农民居住的生活环境，作为区别于城市钢筋水泥的地方，作为离大自然最近的地带，应该是美观宜人、适合人类生存、休养的自然天堂。一方面，在人类的进化中，不同生态地区的人类社会演变成不同社会的人类文化。也可以说，人类社会文化因为生态环境的不同而表现出多样化的特征。另一个层面，相对应的人类文明的兴盛程度越高，生态环境的优良等级就越高，反之亦然。人类文明的进步应该与生态环境的改变相匹配。人类对生态环境和社会文化的关系的认知是实现可持续发展和人类文明发展的前提。在生态文明保护中，农村就是与天然生态环境联系最鲜明的社会环境，而农民则是主体。历史上一度兴盛之极的玛雅文明和古代两河流域鼎盛期的古巴比伦文明衰败与消失，都是由于人类活动对生态环境的破坏超越了极限而造成的，我们应该从这些悲剧中吸取经验，重新审视人类和自然的联系。在农村全方位开展生态文明教育，让环保意识成为自己的习惯，是提高生态文明精神等级的基础。

党的十八大召开后，习近平总书记开创性地提出新的实施意见，建设精神文明发达的优美村貌。在乡风文明的构建过程中，对生态文明的构建变成了不可或缺的一个环节，加快对农村脏乱差的治理，因地制宜、实事求是，把乡土文化与农耕文明相融合，科学规划和布置农村设施，提升房屋建造的设计质量，在分配和供应方面科学配置农村公共环境整治服务，让农民拥有舒适优美的生活环境。大力建立农村乡风文明，使得新农村具有和谐化、有序化和生态化的特点，是农民与自然达到和谐状态的前提。

（二）农村生态文明建设中存在的问题

农村生态文明建设是要实现农民生活极大富裕、农民精神极大丰富、农村环境生态宜居的总目标，因此抓好农村生态文明建设是迫在眉睫的大事。

1. 农民的生态文明意识淡薄

在我国广大农村，村民远没有形成生态环境保护的自觉意识，焚烧秸秆、乱砍滥伐、过度垦荒、过度放牧、违禁渔猎等行为屡见不鲜，屡禁不止，这种竭泽而渔的发展方式导致农村生态退化严重，使得农业生产和农村建设越来越失去了可持续发展的生态基础。于此同时，随着农村生活水平的不断提高，农民攀比之风日盛，婚丧嫁娶大操大办，造成极大的资源浪费。时至今日，一些农民包括部分基层干部生态意识非常淡薄，仍然固执地认为发展农村经济与环境保护之间没有多大的联系，保护生态环境就会制约农村经济的快速发展。导致农民生态意识淡薄的原因有很多：首先，农村长期以来粗放的生产生活方式，使农民养成了忽视生态保护的习惯；其次，受城乡二元结构的影响。改革开放以来，国家的优惠政策首先向城市倾斜，形成城乡二元结构，这样的结果导致农村大量劳动力流向城市，农村愈加贫穷、落后，再加上农村本来教育水平就不高，为了生存，忽视了长远可持续发展。

2. 农村环卫基础设施薄弱

目前，我国有 270 万个自然村，很多的农村没有完备的环卫基础设施，垃圾回收箱简陋且数量不足，很多垃圾运输车都是临时征用的，农村生态文明建设相较于城市还有很大差距。究其原因，主要是我国农村数量众多且地域分布广，民舍又较分散，导致处理成本高，政府财政投入严重不足。尽管不同等级政府财政部门从未停止对生态基础设施建设资金投入，但相关政府特别是乡镇，财政资金仍存在短缺的情况，这种资金短缺在很大程度上减缓了农村生活生产废弃物、污水处理、信息设施、农村电气化、道路交通等生态基础设施建设的脚步。发达国家的经验表明，要使环境明显改善，国家的财政投入至少要达到 GDP 总量的 2.5%。因而，加大环保财政投入，才是有效改善农村生态的必要条件。同时，由于农村基础设施建设缺乏合理规划，导致有限的资金投入收不到预期的效果。以户户通为例，乡村道路硬化已基本实现全覆盖，但部分地区的路面仍然狭窄、弯曲和泥泞，不能满足通行、便民的需要，其主要原因是规划不合理。

3. 农业经营方式粗放，土地流转补偿

“三农”中的农业问题一直以来关乎农民的切身利益。当前传统的粗放式农业经营方式和碎片化的承包制度极大地制约了土地的产出效能，面临增产不增收的窘境，同时存在田地肥力过度透支、农业污染严重等问题。

（1）传统农业粗放经营，高消耗、重污染

我国农业增长主要靠“肥大、水多、药重”等要素的不断投入来维持。高消耗、高污染带来农业收益得不偿失。导致农业粗放经营模式的主要原因有以下几点：首先是种地农民老龄化。在我国农村，大量的80后、90后青壮年劳动力选择进城务工，把农村土地抛给上了年纪的父母经营。这些农民思想保守，仍然抱着传统的同质化、随大流的经营模式——“以前种啥现在种啥，别人种啥我种啥”。这种保守的思想使异质化经营理念难以在农村大面积推广，导致农业“增产不增收”。同时，很多农民顽固不化，不了解、不相信土地流转制度，土地宁可大量抛荒，也不愿流转。其次是我国突出的人地矛盾。我国幅员辽阔，资源丰富，是名副其实的大国，但是由于庞大的人口数量，无论是人均耕地面积，还是人均淡水占有量都不及世界平均水平的一半，俨然成了耕地、淡水、森林、矿产和能源等“贫乏”的国家。由于相对土地面积有限，农村过度垦荒、过度放牧、过度砍伐等情况屡禁不止，导致草场沙化、土壤板结化、森林生态退化等严重后果。最后是农业科技水平低下。农业科技不仅可以极大提高农业生产的效率，节约使用资源能源，还可以减少农业生产废物的产生，使可再生资源得到最有效的利用和持续使用，从整体上保护生态环境。但目前在我国农村，农业科技人员数量、农业科技经费投入以及农民的普遍科技文化水平都没有达到理想的程度，科技对“三农”的贡献率极低。农业还是普遍采用简单粗放的经营方式，无论是农业生产效率、资源利用率还是废物处理率都还很低，进而导致生态环境破坏严重。

（2）农村土地流转不畅，撂荒严重

在我国农村，土地承包责任制度帮助农民解决了温饱问题，但碎片化的耕地布局又极大制约了大型农业机械的推广使用，导致农业生产效率低下，加上农业经营方式单一，种子、化肥、农药、耕种和收割成本不断攀升等因素，最终导致农产品市场收益率低下，无法满足农民发家致富的愿望。农村欠发达地区的大量青壮年劳动力选择背井离乡进城打工，将耕地留给了“妇女、小孩和老人”，妇孺和老人又无力打理过于分散的土地，仅仅种植交通便利、灌溉设施齐全、土壤相对肥沃的土地，以维持基本的生计，而将交通不便、灌溉不利的贫瘠耕地撂荒，造成土地资源的大量浪费。为了避免造成不必要的耕地浪费，亟须加快土地流转，形成适度规模化，让更为专业的种粮大户经营土地农业。然而相当一段时间以来，由于农村土地产权不稳定及相关政策不明确等原因，致使农村土地流转中各种潜在问题暴露了出来，迟滞了土地流转的效率和规模，使其远未达到适当规模化的要求。目前，加快土地确权成了推进土地流转的有力措施。我国自 2011 年首次推出保障农民利益，到 2018 年，农村土地确权全面完成。土地确权使农民的土地可以通过租赁收取租金，为土地流转提供条件。然而，由于农民思想传统保守，加之部分乡镇政府缺乏对土地确权后土地流转的积极引导，农民仍然处于了解和观望阶段，土地流转还不够通畅，撂荒形势依然严峻。

4. 乡镇企业污染严重

改革开放以来，我国乡镇企业蓬勃发展，解决了农村亿万剩余劳动力，可谓功不可没。但同时也造成了不可回避的环境污染问题，主要表现在以下几方面：一是水污染。调查数据显示，一些规模小，生产水平落后的印染厂、造纸厂等乡镇企业依河而建，为了降低生产成本，这些企业将未经有效处理的废弃水直接排放到河流中，造成水体污染，危害沿岸居民的身体健康。二是空气污染。在农村，一些需要燃烧能源的乡镇企业，由于没有环保技术设施或环保设施陈旧落后，导致大量的污染气体没有经过有效的过滤处理就直接排放，从而形成雾霾，危害周边居民的健康。三是固体废弃物的污染。一些乡镇企业还会产生大量的固体废弃物，为图省事，这些固体废弃物会被业主随意堆放在厂矿周边的道路或荒地上，不仅影响美观，还危及生态环境。乡镇企业污染严重，终究是企业法人的原因。乡镇企业的经营者基本都是农民企业家，这些企业家一方面吃苦耐劳，在长期的打拼中逐渐摸索出一套适合农村的管理经验，使自己的企业在乡村生根发芽、风生水起，同时也解决了农村大量剩余劳动力；另一方面，农民企业家也往往存在目光短浅的弊端，十分注重眼前的经济效益，而忽略未来长远的生态环境利益。这就导致了农民企业家对自己没有过高的生态道德要求，依然使用技术过时、工艺陈旧、能耗过高的机器设备，继而造成农村环境污染，工业污染成为农村最大的污染源。与此同时，基层乡镇干部政绩考核往往是以GDP论英雄，过于重视当地经济指标，而轻视农村的环境、资源的可持续发展，从而造成农村的生态问题愈加严重。

5. 农村生态缺乏保护机制

当前，农村的生态文明建设重点还是靠人治，还远没有形成制度的长效机制，后劲乏力。同时，农村的环境保护监管机制不健全，相应监管机构慑于地方注重发展经济的需求，对于生态环境保护及监管不作为。此外，在农村地区对于环保法律法规的执行缺乏明确的监管部门，往往是多个非相关部门协助行使权力，从而导致农村环境保护责任不明、监管不力、管理混乱的乱象，最终使农村生态文明建设捉襟见肘，上山伐木、电鱼、大规模放养牲畜等违规行为屡禁不绝。因此，健全农村地区环境保护法律法规体系是农村生态文明建设的有力保障。

二、农村生态文明建设的路径

2018 年 2 月 4 日，国务院下发了《关于实施乡村振兴战略的意见》，将乡村振兴，实现农民富和生态美相统一作为乡村发展目标，为我国农村生态文明建设做好了顶层设计。

（一）提升农民生态文明意识

意识决定行为，有了生态文明意识，才能形成生态文明行为自觉，而生态自觉又能培育勤俭节约的生态习惯，进而孕育淳朴的乡风文明，而乡风文明又会反作用于生态文明意识和行为。因此，培育农民的生态文明意识，是生态文明行为、习惯和乡风的前提。提升农民生态文明意识应该做到以下几点。

1. 培育村民生态文明责任感

以村委会、乡镇政府为主导，充分利用手机微信这一平台，以村为单位建立“某某村美丽家园我保护”群，把保护环境的优秀事迹以文章、短视频和链接的形式共享到群里，传递生态保护正能量，帮助村民树立热爱美丽家园、爱护环境的意识，增强村民保护生态环境的道德责任感。

2. 普及生态保护知识技能

以县级和乡镇级党政干部为主导，利用各种形式将生态保护的知识和技能传递到村级单位，同时开展农村生态环境保护的知识技能培训，提升村民保护生态环境的能力，使其养成保护生态环境的生产、生活习惯。

3. 倡导绿色消费理念

发挥村委会的主导作用，开展农村绿色消费公告制度，定期在村公共场所披露居民中典型的消费事迹。一方面，表扬勤俭节约的家庭，宣传其行为事迹；另一方面，批评铺张浪费的家庭，遏制其违背绿色消费的思想和行为。借此引导全体村民互相督促和监督，营造“节约光荣、浪费可耻”的村庄舆论氛围。

（二）完善农村配套基础设施

2018 年，我国乡村振兴战略正式实施，目前已启动“上千亿”资金用于农村基础设施改造，致力于打造“生态宜居”农村。农村生态文明建设要搭乡村振兴战略的便车，积极进行基础设施的改造，推动建设生态宜居乡村。

1. 道路改造

依据农村“乡间道路全部硬化”的规划，对于乡间宽度不超过 3 米的道路，要充分利用乡村振兴战略的财政拨款，实施全硬化改造，不足的部分由当地政府和民间集资共同修建，并在硬化的道路两旁建设排水沟，避免流水对路面造成损毁，为农村生态文明建设奠定基础。

2. 圈舍改造

响应乡村振兴战略美化农村的居住环境号召，对放养、散养家禽和家畜的农户进行规范化管理。首先是“牛羊入圈”。村委会要指导放养户修建整洁卫生的圈舍，供家禽和家畜使用，同时依据养殖户修建圈舍的环保合格程度，政府要予以一定的经费补贴，环保程度越高，经费补贴也可以相应提高，鼓励养殖户积极主动完善圈舍修建。其次是“粪便入池”。为避免粪便对农村环境造成二次污染，要鼓励养殖户修建家畜粪便沼气池，对家畜产生的粪便做到及时入池，变废为宝，产生的沼气便于养殖户生活之用。

3. 公厕改造

很多农村的公厕都还是露天的旱厕，这样的公厕一到夏季就臭气熏天、蚊虫乱飞，不仅影响了村容村貌，还威胁到当地农民的健康。因此，推进农村生态文明建设，进行农村公厕改革是其中重要的一环。国家要对农村公厕改造给予财政补贴，彻底改造以前男女通用的露天旱公厕，变为男女分开且可冲洗的室内公厕。

4. 老屋整改

由于各种遗留问题，目前在农村仍有大量的危房、老屋和无主房，这些房屋大多常年失修，破败不堪，不仅影响村容村貌，而且还很危险，需要及时处理。对于无力修缮房屋的贫困农户，政府要给予一定补贴，帮助其进行危房改造；对于常年无人居住但又有产权人的老屋，政府可有偿收回，将其并入整个村庄的规划；对于无主房，要予以拔除，并做统筹规划，建设文化体育广场等公共设施，避免土地资源浪费。

5. 煤改气

近几年来，我国雾霾严重，农村地区煤炭的大量使用是主要原因之一。雾霾对人体健康影响极大，解决雾霾问题已是迫在眉睫。煤改气是治理雾霾的有效选择，并且在实践中得到了验证。目前我国雾霾天气大量减少主要归功于部分农村已经使用了天然气。大力推进农村地区的天然气管道铺设，让农民都使用上天然气，逐步减少煤的使用比例，必将会改善农村地区的空气质量。

（三）推进土地流转，发展生态农业

2017 年的中央一号文件提出了深化农业供给侧结构性改革的要求，具体就是以绿色消费为导向，既要保护农村的生态环境，又要实现生态农业的高产出，加快培育不断增长的农业采摘市场和纯绿色农产品市场①。

1. 完善土地流转相关机制

党的十九大报告提出了鼓励土地流转和适度规模经营的重要指示，同时加快

① 吴比．以农业供给侧结构改革为主线 推动农业农村发展步入新阶段[J]. 农村金融研究，2017（02）：8–9.

土地确权为土地流转铺好了路。土地确权后，农民可以将自己的土地像商品一样进行“交易”，通过转让或出租等流转形式将自己闲置的土地集中到种粮专业户的手里。通过土地流转，一方面农民可以赚取租金，另一方面可以激活撂荒的土地，减少耕地的浪费。到目前为止，土地确权已经基本完成，但土地流转还远没有达到理想的程度，在部分地区，农民仍然将大量土地撂荒。因此，这就需要政府部门积极、有效地推动土地确权后的相关配套机制完善，促进农村土地流转。

（1）发挥基层政府宣传引导作用

基层政府各部门应肩负起土地集中、适度规模化经营的责任，加大对土地确权和土地流转政策法规的宣传力度，讲透道理，讲明益处，积极引导农民参与到土地流转中来。村里的党员要起到模范带头作用，首先参与到土地流转中来。对于能积极主动地参与土地流转的农民个体，要及时给予表彰。同时，乡镇以上政府要重点抓好土地流转示范村试点工程，对能较好地实施农村土地流转的村庄予以表扬，引导整村土地流转“无死角”，并以此为楷模，向乡镇、县、全省乃至全国推广，形成以点带线、以线带面的土地流转引领之风。

（2）积极培育专业化农业经营主体

农业农村部及其下属党政机关要积极响应土地流转的号召，首先重点培育一批具有带头作用的种养大户，通过加大农业技术支持、农业信贷优惠、大型农机补贴等多方支持力度，推动农业经营主体承接土地流转集中形成的大型农场。定期对农业经营主体进行培训，助其成长为懂管理、善经营的农业企业家。然后农业部门积极引导第一批成长起来的农业企业家，拉、帮、带第二批大型农业经营主体，形成一传十、十传百的几何级帮扶效应，最终推动全国农业的适度规模经营。

（3）推进土地流转规范化

农业农村部进一步制定和完善农村土地流转相关法律法规，促进流转规范化、机制化。制度明确表明，土地流转形式只能在村集体的范围内进行交易，主要以出租、转让、互换、转包、入股等形式展开，流转的土地只能用于农业生产，同时严令禁止城乡之间的土地买卖行为，避免农村土地成为商业活动牟利的工具，威胁国家粮食安全。农村土地流转制度同时明确规定土地的期限和形式由农户双方协商解决。

（4）建立健全土地流转配套服务机制

在县、乡、村三级成立土地流转中介服务平台，乡村中介服务平台重点帮助农户与流转大户之间展开谈判交流、合同签订和代收租金等。县级中介服务平台主要工作是发布流转信息，收集村、乡有流转意愿的农户加盟，同时吸引种粮大户关注。

（5）加大土地流转全程监管力度

严格执行《农村土地保护法》下的土地流转，严禁土地流转后出现“非农化”经营，严禁土地流转中出现破坏农村生态环境的行为，严禁“以租代征”，进行非农化建设，破坏基本农田。对土地流转的整个过程进行全程监控，一旦有违规违法用地，快速反应加以制止和打击。

2. 乡村生态农业三部曲

依据人民不断增长的绿色消费需求，2018 中央一号文件在乡村振兴战略总体部署中提出，农业以供给侧结构性改革为引导，加强农业由增产向增质转变，全面提升绿色农业的发展比重。为了达到农业绿色生产的要求，将农业循环和现代技术引入生态农业是不错的选择。根据我国国情，现代生态农业的发展可以分三步走，即模块化农场、乡村生态园和田园综合体。

第一步：加快农村土地流转，打造模块化农场。

集体农场是以村的各个生产大队为单位，以种地能手和种粮大户为主体，通过土地流转，集中耕地，形成规模农场，便于大型农耕机械的推广运用，提高农业的生产效率，释放农业大量重复低效劳动力。同时，各大农场避免同质化种植，开展多元化发展。农场可依据市场分为蔬菜农场、养殖场、粮食农场、水果农场、林场、花卉农场等。集体农场是现代生态农业的初级形式，主要从事农业初级产品的生产。利用土地流转形成大面积农田，打破碎片化土地承包制度的限制，便于使用大型机械，利用农场的区块优势，大规模生产农产品。同时，规模化的农场可以使用滴灌技术，进行精准施肥和灌溉，避免过量施用化肥和水资源的浪费。集体农场统一采购、统一育种、统一销售，实施一体化管理，节约成本，避免不必要的人力和资源的浪费。

第二步：二产融合，发展乡村生态园。

乡村生态园是现代化生态农业的中级阶段，是以村为单位，建立乡村农业生态园，以分工出来的剩余劳动力为主体，以农业企业家为龙头，对初级农产品进行深加工，发展诸如养殖场、面粉厂、食品加工厂、酿酒厂等产业。同时，第一、第二产业融合，循环发展。以面粉厂为例，生产的面粉可以对外销售，产出秕糠可以用于养殖，养殖产出的肉蛋可以对外销售，养殖场动物的粪便又可以作为肥料提供给农场。酿酒厂产出的酒对外销售，酒糟又可以用于养殖。

第三步：三产融合，建设田园综合体。

田园综合体是以乡镇为单位，以模块农场和乡村生态园为基础，发展餐饮、娱乐、休闲、农家乐和旅游等第三产业，将生产、销售、服务连为一体，进一步延长农产品产业链，拓展农产品市场空间。第一，田园综合体的三产融合可以极大地降低转运、仓储、交易和代理等环节的成本，形成价格优势；第二，田园综合体三产融合还可以使这三大产业之间内部循环，不造成浪费，即第一产业为第二产业、第三产业提供初级产品，第二、第三产业产生的废弃物又会成为第一产业的肥料；第三，田园综合体可以吸引游客欣赏田园美景，体验吃农家饭、干农家活、住农家屋、参与农事采摘等一系列田园生活，让游客们返璞归真，释放压力。

3. 推广农业绿色科技

农产品安全问题一直是影响我国居民健康和农业对外贸易的难题，据统计，我国每年农药使用量为150万吨，居世界第一位①。长期以来，大量使用化学农药不仅严重破坏生态环境，造成农产品污染，由于害虫产生抗药性且天敌被大量杀死，使得农业害虫灾害现象更趋频繁，严重威胁我国城乡居民的身体健康和生态环境。因此，利用现代生物技术培育天敌生物，不仅可以有效遏制农业害虫，而且生态环保，减少农药的使用量，从而保证农产品的安全。在我国农村，农业生产每年都能产生7亿多吨的秸秆，大部分秸秆会被村民焚烧，导致大气环境污染，绿色科技就是应用高新技术来解决经济与环境的矛盾，将农业废弃秸秆变废为宝，转化为有机肥料、生物质燃料、颗粒饲料等产品，加以循环利用。

（四）加强乡镇企业的环境管理

乡镇企业是农村经济发展的主体产业，解决了农村大量过剩的劳动力，促进

① 丁灵．蔬菜农药残留现状及对策[J]. 金品界，2017（03）：52-53.

了农村经济步入快车道，对承接城市过剩产能作出了积极的贡献。但乡镇企业污染普遍严重，造成极大的生态问题，危害到企业工人和周边村民的生活和健康，因此加强对农村乡镇企业环境的管理和治理，是农村生态文明建设的重要一环，对农村经济的长远发展意义重大。

1. 加强乡镇企业家生态教育

针对乡镇企业家生态环境保护意识淡薄的特点，县级以上环保部门要加大环保教育的力度，以增强其生态责任意识。同时，环保部门可与税务部门相合作，将乡镇企业的环保与税务挂钩，对环保方面表现好的企业予以税务优惠，激励企业实施环保行为。同时，将环境保护业绩纳入当地政府公务员政绩考核范畴，改变原来唯 GDP 论英雄的政绩考核标准。

2. 合理规划布局乡镇企业

针对乡镇企业布局分散、凌乱等特点，当地政府部门要因地制宜地对地方乡镇企业进行科学、合理的布局，打造工业乡镇企业生态园区，并且有意识地引导大型乡镇企业积极入驻生态园区，起到领头羊的作用，同时对于优先进入园区的乡镇企业给予税收优惠。在工业园区内还要对乡镇企业进行集中引导，积极治理园区内乡镇企业生态问题，集中处理乡镇企业污染源。做到最小化污染，最大化收益。

3. 运用法律法规规范乡镇企业

对于一些污染处理不当的乡镇企业，环保部门一经发现，必须立即吊销其营业执照，勒令其停产整改，直到企业环保达标，再补发营业执照，准许继续生产。另外，制定一套激励机制，对于破坏生态环境的行为予以强烈谴责甚至是打击，对于在生态上表现好的企业予以精神奖励和物质奖励。

（五）健全相关制度，完善生态治理

建立健全农村环保的法律法规保障体系才是农村生态文明建设的有力保障。首先是对农村环境保护立法，将生态文明建设纳入农村各方面建设，其次是农村《环保法》的严格执法和全程监督。

1. 建立健全农村环保法律体系

要将农村生态文明建设写入宪法，详细制定关于农村环境保护的基本法和单行法，建立农村地区的高山、河流、湖泊、草原、森林和田野等环境治理制度体系，制定退耕还林、退耕还牧、禁猎限捕等让生态环境休养生息的机制，让山青、水绿、草肥、林旺和田茂的美丽家园建设成为农村基本法的必然要求。同时，在农村生态法制定的过程中，既要借鉴国外成功的立法经验，又要与我国的国情和地方特色相结合。

2. 加强农村环境执法

农村环保法律法规的生命力在于执行，而法律法规的执行情况又取决于农村基层执法队伍的整体素质。因此，要打造过硬的执法队伍，就要加强对执法队伍的培训，不断提升执法人员的政治觉悟、业务素质和执法能力。努力做到有法必依，执法必严，违法必究，同时基层环保执法队伍应独立于政府机构，不受其他部门的节制。在执法实践上，对那些污染严重的养殖业以及乱砍滥伐、电鱼、毒鱼、炸鱼等违法行为，执法队伍要依法严惩，切实体现《环保法》的惩治效力。

3. 完善农村环保监督机制

农村环境保护需要形成监管机制，首先是建立基层独立的监管部门，制定监管制度，打造过硬的监管队伍，形成有效的农村环保利器。其次是建立农村生态环境监管机制，鼓励群众举报环保方面的违法行为，对于违法行为予以严惩，对举报群众予以奖励，并配备一定的监控技术设备，做到防患于未然。

第四章 新环境下的农村精神文明建设

第一节 网络环境下的农村精神文明建设要求

互联网出现的时间不长，但是已经深刻地影响着人类的生活。网络思想政治教育已经成为学界研究的重要议题。农村互联网的普及发展正在经历量变到质变的过程，随着我国网络的快速发展，网络将进一步融入农民的生产生活中，从而成为影响其思想政治素质发展的重要变量。本节将简要分析农民网络生活的现状与发展趋势，阐释农民网络思想政治教育面对的挑战，进而提出网络社会中农民网络思想政治教育创新的思路。

一、互联网发展与农民网络生活

国际互联网的基础技术诞生于冷战时期，政府（主要是军方）在研发过程中起到了决定性作用，20 世纪 80 年代中期互联网技术得到空前发展，但主要用于学术和科学研究。1987 年，中国学术网络（China Academic Network）在计算机与计算机之间建立起连接。1989 年 10 月，国家计委利用世界银行贷款重点学科项目——国内命名为《中关村地区教育与科研示范网络》，世界银行命名为《National Computing and Networking Facility of China》（简称 NCFC）正式立项，11 月，该项目正式启动。NCFC 是由世界银行贷款“重点学科发展项目”中的一个高技术信息基础设施项目，由国家计委、中国科学院、国家自然科学基金会、国家教委配套投资和支持，由中国科学院主持，联合北京大学、清华大学共同实施。1994 年 4 月，中国全功能接入国际互联网，成为国际互联网大家庭中的第 77 个成员。1996 年召开的第八届全国人大会议上，中国政府正式提出“科教兴国战略”，在第四次会议上批准的《中华人民共和国国民经济和社会发展

“九五”计划和2010年远景目标纲要》中提出：“国民经济和社会各领域应用现代电子信息技术取得很大进展，计算机应用在生产、工作和生活中的普及程度有很大提高。初步建立以宽带综合业务数字技术为支撑的国家信息基础设施，国民经济信息化的程度显著提高。”到2010年6月底，我国网民规模已经突破4亿关口，达到了4.2亿，互联网普及率攀升至31.8%，基本实现了“2010远景目标”。

2010年1月，国务院常务会议决定加快推进电信网、广播电视网和互联网三网融合，同年6月，中国人民银行公布《非金融机构支付服务管理办法》，将网络支付纳入监管。互联网不仅在城市普及发展，而且在农村也蓬勃成长。第45次《中国互联网络发展状况统计报告》显示，2019年我国“村村通”和“电信普遍服务点”两大工程实施，中国广大农村及偏远地区贫困群众跟上互联网时代的步伐，同步享受信息社会的便利。截至2019年10月，我国行政村通4G和通光纤的比例都达到了98%以上，贫困村通宽带比例为99%，完成了全球领先的农村网络覆盖。根据中国互联网络信息中心（CNNIC）在京发布第49次《中国互联网络发展状况统计报告》（以下简称：《报告》）。截至2021年12月，我国网民规模达10.32亿，较2020年12月增长4296万，互联网普及率达73.0%。其中，农村网民规模已达2.84亿，农村地区互联网普及率为57.6%，较2020年12月提升1.7个百分点，城乡地区互联网普及率差异较2020年12月缩小0.2个百分点①。

党的十八大以后，数字技术既在城镇打下基础并发展，又和农业农村开展深入合作，不但促进农业相关新业态新产业的涌现，而且推动科技创新水平持续增强。在农业遥感、农产品电商领域，大数据服务产品越来越多，数字产业化呈创新发展趋势。云农场、定制农业、认养农业、创意农业等新模式、新业态不断发展，农村共享经济渐渐崭露头角，“互联网+”农业社会服务发展增速。展望未来，农村网民规模将进一步扩大，数字技术将进一步与生产生活融合。《中共中央、国务院关于实施乡村振兴战略的意见》和《数字经济发展战略纲要》提出，应着力发展数字农业，施行数字乡村战略，推进农业数字化转型。农业农村部中央网络安全和信息化委员会办公室关于印发《数字农业农村发展规划（2019—2025

① 我国农村网民规模已达2.84亿[EB/OL].(2022-3-14)[2023-05-26].https://m.gmw.cn/baijia/2022-03/04/1302829756.html

年)》的通知指出，到 2025 年，是数字农业农村获得巨大进步的一年，为数字乡村战略的施行提供了保障。农业农村数据收集体系不断完善，成功建立了农业农村基础数据资源体系、天空地一体化观测网络、农业农村云平台。提升了数字技术和农业产业体系、生产体系、经营体系的融入速度，农业生产经营向数字化模式转变获得了显著进展，农业数字经济所占比例和管理服务数字化水平显著提升，乡村数字治理系统日益完备。因此，如果说过去中国互联网发展的主要空间集中于城市，生活在都市的人们是主要的使用群体，那么中国互联网发展的主要增长即将逐步转移到农村，农民将成为互联网使用群体不可忽视的力量。

农村互联网的普及发展不仅是一个量变的过程，更是一个质变的过程。首先，从社会发展维度看，社会互联网时代不仅产生了新型信息传播方式，而且孕育着社会文化的新质。从中国接入互联网的技术发展历程看，中国互联网历史可以分为三个阶段：第一阶段，以三大门户（新浪、网易、搜狐）为代表、以 Web1.0 为特征的 20 世纪 90 年代；第二阶段，以 BAT（百度、阿里和腾讯）崛起为代表，以 Web2.0 为特征的 21 世纪 00 年代；第三阶段，以 BAT 称霸、TMD（头条、美团和滴滴）崛起为代表、以移动互联网为特性的 21 世纪 10 年代。而未来 21 世纪 20 年代的第四阶段，也已经很清晰地呈现以智能为特性的新特征和格局。与之对应，依据社会网络发展和人类社会联结程度，中国互联网的发展历程也大致分为三个阶段：第一阶段大致是 1994—2008 年，以 PC 互联网为特征的弱联结阶段；第二阶段是 2008—2016 年，以移动互联网为特征的强联结阶段；第三阶段是 2016 年左右开启的，以人工智能、云计算和 5G 等为焦点，以智能化为特征的超联结阶段。经过多年的发展，我国初步形成了中国特色的网络社会，一个强联结的新兴社会形态正在全面形成并发展。这种变革具有全球普遍性，也有些是中国独有的。因为西方许多发达国家已经完成了工业化过程，大略遵循着农业、工业和信息化发展的线性路径，而中国作为一个有着悠久历史的文明大国则是农业现代化、工业现代化和信息化交错重叠发展。当然，这也恰恰是中国可以轻装上阵赶上并引领新要一轮信息技术革命的契机。互联网缔造的网络空间，是人类生存和生活的全新空间，这个新空间在中国将越来越充分彰显出来。其次，从我国城乡格局维度看，城乡数字鸿沟加快弥合。数字鸿沟问题是互联网发展过程中一个不可回避的问题。中国也面临这样的问题，中国网民突破 8 亿，但是还有 6

亿人口没有上网，其中，我国农村网民规模为2.22亿，只占整体网民的26.7%。巨大的数字鸿沟，不仅影响互联网整体发展，也影响社会的稳定。[①]党中央、国务院高度重视信息化和网络安全工作，施行数字乡村战略，着力推动数字中国建设，提升5G网络建设速度，使得农业农村发展具有了充足的政策支持。新型工业化和信息化、农业农村现代化和城镇化协同发展，城乡数字鸿沟渐渐消失，数字技术的普惠作用逐渐展现，为数字农业农村建设提供了充足的动力。再次，从农村精神文明建设维度看，网络新媒体已经成为思想政治教育的新载体，虚拟空间已经成为思想政治教育的新场域，网络领域与现实领域相对独立并融合发展。全球新一轮科技革命、产业变革方兴未艾，物联网、智联网、大数据、云计算等新一代信息技术加快应用，深刻改变了生产生活方式，引发经济格局和产业形态深度变革，引发生活方式和文化形态的深刻变革。有学者认为，随着新型媒体的快速发展，其逐渐成了绝大部分场合的主流和核心，相比之下，党报的辐射作用日渐减弱，趋于被边缘化或慢慢被边缘化的状态。这里面包含两个方面的问题：一是新兴媒体在持续拓展自己的市场，尽管传统媒体仍具有优势，依然存在被新兴媒体超越的可能；二是在新时代背景下，只有运用创新性的回答才能够发挥核心价值观的育人实效。所以，农民网络思想政治教育的有效性具有重要的作用，既与个人精神面貌和境界有关，又与走什么路、举什么旗有关。

二、网络社会中农村精神文明建设面对的挑战

第一，农村精神文明建设工作者阵地意识不足。伴随着我国互联网的发展，网络思想政治教育成为重要议题。从目前笔者掌握的资料来看，最早关于网络思想政治教育的论文是1999年张建松发表的《发挥校园网络在思想政治工作中的作用》，2000年后网络思想政治教育问题得到学界的高度重视，发表的论文逐年递增。2000年也就是说中国接入互联网后的第五个年头，党和政府就敏锐地意识到了网络思想政治教育的问题并作出了重要的部署，同时学界也加强对网络思想政治教育问题的研究并取得了不少成果。

由此可见，网络思想政治教育问题的研究已经走过了20多个年头，虽然相

① 方兴东，陈帅．中国互联网25年[J]．现代传播（中国传媒大学学报），2019，41（04）：1—10．

关研究尤其基础性的研究都为农民网络思想政治教育提供了重要的指导，但是到目前为止针对农民群体的网络思想政治教育问题的研究还不多。这意味着存在这样一个假设，即网络思想政治教育是一个重要论域，但是农民网络思想政治教育则不甚重要。在我国互联网发展的早期这个假设也许是合理的，因为互联网的使用人群主要集中于城市人口，一度被认为是技术精英交流、休闲娱乐的工具，但是随着农民大规模的跨区域流动和互联网的普及发展，农民网络思想政治教育显得越来越重要。中国互联网络发展的一大趋势是从玩网到用网，上网性质发生突变，网民数增长进入“雪崩”期，网民性质发生突变。我们可以预见，在将来万物互联的世界，农村农业农民都将成为网络世界中重要的节点和不可或缺的一员。因此，农民思想政治教育中网络这块阵地将越发重要，应对农民网络思想政治教育给予高度重视。

第二，农村精神文明建设的主客体关系问题。关于思想政治教育主体和客体的关系主要有四种观点：一是传统的“主客体说”。主体是活动的发起者和承担者，是主动的一方，而客体是承受者和接受者，是受动或被动的一方，因而主体有主体性，即主动性或能动性，而客体则具有客体性，即受动性或被动性。二是“主客体转化说”。认为主体和客体并不是固定不变的，尽管在通常情况下教育者是主体，受教育者是客体，但是，在教学相长的过程中，教育者也会受到教育，受教育者也会启发教育者。而且，受教育者还可以自我教育。于是，受教育者转化为主体，而教育者转化为客体。三是“主客体双角色说”。认为思想政治教育活动包含两个方面的过程，一是施教过程，二是受教育过程。从前者来说，教育者是主体，是主动的一方，受教育者是客体，是受动的一方；而从后者来说，受教育者是主体，他们是学习的主体和接受的主体，因而具有自主性和能动性。四是“双主体说”或“主体际说”。这种观点认为，教育者与受教育者的关系并不是一种对象性的关系，不是主客体之间的关系，而是一种主体间的交往关系。教育者是主体，受教育者也是主体，它们之间的关系是两个主体之间的交往关系。传统的“主客体说”到“双主体说”体现了思想政治教育理论研究中对受教育者的能动性的定位问题，也体现了思想政治教育实践中需要高度重视受教育者的能动性的问题。基于此，农民网络思想政治教育中有两个问题需要澄清：一是农民在网络思想政治教育中的能动性问题。在历史上，农民长期处于被压迫和剥削的状态，在封建社会受到地主阶级的压迫，在资本主义发展时期受到资本家的剥削和利用。中华人民共和国成立后，农民获得了翻身解放，是工人阶级的同盟军，改革开放以来农民的能动性进一步迸发出来，家庭联产承包责任制、乡镇企业等都是农民在实践中的伟大创举。我们不能简单地认为农民就是落后的生产者，没有创造力的群体，或者政治上的盲从者。换句话说，作为阶级，农民有其局限性，作为个体，农民也存在知识素养不足等问题，但是仍然需要高度重视并充分发挥农民在思想政治教育中的能动性。随着人工智能的快速发展，自然语言等处理能力将极大增强，网络生活中因为不识字、不会打字、不会操作信息设备等信息技术门槛将逐步消失。从这个意义上讲，农民将越来越可以自由、自主获取网络空间的各种各样信息，并且也越来越成为网络空间中信息的创造者和发布者。二是农民网络思想政治教育中的主体问题。网络思想政治教育中“是否在网络思想政治教育互动关系中履行网络思想政治教育的职能，是区分网络思想政治教育主客体的唯一标准。凡是主动进行网络思想政治教育，自觉实施和开展网络思想政治教育的，就是网络思想政治教育的主体；凡是忽视和放弃网络思想政治教育职能，并受到网络思想政治教育主体的网络教育活动的辐射和影响的，就是网络思想政治教育的客体”。农民网络思想政治教育主体不仅包括专职从事思想政治教育的工作者，也包括其他履行网络思想政治教育的主体。在网络空间中农民之间存在双向互动、多向互动和叠加活动的关系，从而彼此之间产生积极的相互影响，从这个意义上说，农民是网络思想政治教育的主体。

第三，农村精神文明建设的供给侧结构性改革问题。一方面是供给侧要满足农民的需求。农民的需求具有一般性，也具有群体的特殊性。需求内容一般认为有物质需求和精神需求，具体来看农民需求主要有：一是生产生活类，比如农业生产的知识技能、国家关于“三农”政策等；二是风俗习惯类，比如红白喜事、家长里短等信息；三是兴趣爱好类，比如村里的公共文化活动等内容。我国地域面积广阔、风土人情和季节特点具有很大差异是基本国情，使得农村信息传递困难的特征鲜明。从前因为清晰透彻地了解农村的实际需要与现实状况十分困难，所以当时播出的节目和信息绝大部分抓不住观众的关注点，得不到相应的认可，这是从前在不同等级城市建立的传统媒体和大多数生于城镇的传媒工作者共同面临的问题。换句话说就是，长时间来尽管农民并不缺少自主获得很多媒体信息的机会，然而，不可否认的是，媒介信息确实与农民的实际生活和实际需要不相符。因此，农民需要“可靠”的平台和专家提供个性化、多样化的信息满足其需求。另一方面是供给侧要引领农民的需求。需求不一定都是健康的、合理的，有些需求是虚假的、病态的。贺雪峰认为，当前农村问题的根本不在经济方面而在文化方面，农村的破产是文化的破产。在消费层面，攀比性消费快速增长，表现在婚丧娶嫁铺张浪费惊人、买车建房高大奢华、赌博情况屡禁不止；农村人情方面，当前一些农村地区深受人情债之苦，甚至出现了利用人情来敛财的现象；闲暇安排上，突然而至的闲暇与千年形成的农耕生活习惯之间不匹配，农村开始普遍出现了各种“身体富贵疾病”，生活上各种低俗文化兴起；道德方面，尊老爱幼等优良传统道德正在受到冲击；政治方面，过去约束村庄“搭便车”行为的结构性力量解体，越来越多的村民学会了“搭便车”，越来越多村民借国家项目在村庄落地的机会获利；终极价值方面，当前农村快速变动让农村中出现了急功近利的短期行为，部分农民不知道自己为什么活，活着的意义是什么，什么活法才是对的。农村出现的种种文化方面的问题虽然都是在物理空间中呈现出来，但是物理空间和网络虚拟空间并不存在不可逾越的鸿沟，两者之间是互动共生的。对于农民文化生活中的种种问题，网络思想政治教育不能“迎合”而要发挥“引领”功能。通过网络思想政治教育和线下思想政治教育的共同努力，使农民寻找到更健康的生活方式，确立起更合理的道德价值观。

第四，网络舆论环境多元多变的影响。环境一般是指在人的周围并且给人以影响的客观事实。思想政治教育环境就是影响人们的思想和行为，影响思想政治教育活动开展的外部因素。网络舆论环境是网络思想政治教育的重要环境要素。从网络舆论本身看，网络舆论具有“去中心化”的特点。传统媒介往往有信息的中心节点，但在网络信息传播过程中传播者与受众是互动共生的，个体既是信息的传播者，也是信息的接受者。同时，这个特点也使网络舆论传播范围不会受到物理空间的阻隔，其传播的路径和结构具有非线性和发散性，从而跨越时空的广度并向各个方面无限延伸。从网络舆论主体看，网络舆论赋予了主体信息选择权和主导权。主体可以依据自己的兴趣爱好“提取”自己希望获得的信息，但是与此同时，因为信息获取途径极大拓展，其容易迷失于海量的信息当中，被舆论节奏带着走。因此，在网络环境中农民通过网络可以突破生活空间的限制，接触到国内外的政治、经济、文化、社会、生活等方方面面良莠不齐的信息。“在传统媒体一统天下的时代，他们多处于被动接受的地位，作为弱势群体的农民很难通过媒介而形成自己的话语空间；表面上公开且广泛传播的‘多数意见’，其实离弱势群体的诉求甚远。日渐普及的互联网络降低了公共讨论的门槛，第一次使得弱势群体至少可以在自主的范围内发出自己的声音，建立起促进自身发展的交往场域和公共空间。”[①] 一方面极大地丰富了农民的精神生活，另一方面网络舆论环境成为农民思想和行为变化的重要变量。对此，有学者认为，在移动互联网的交友平台上，农民的朋友圈大都是和自己教育背景相似、价值观相同、观点一致的熟人圈，他们缺乏网络舆情判断能力，易对信息采取极端态度，常从自身好恶出发，偏听偏信，要么全盘接受，要么极力否认，不加甄别进行传播，而信奉极端化的观点又很可能会转变为现实中的极端事件，不利于形成理性的舆论环境。正因如此，农民也容易盲从于个别“意见领袖”。同时，互联网，尤其是各种社交软件层出不穷，面对各种各样投其所好的诱惑，个体的人生观、价值观、消费观、婚恋观等就容易在各种网络诱惑面前偏离正确的轨道。因此，网络舆论环境对农民网络思想政治教育提出了更高、更新的要求。

三、网络社会中农村精神文明建设创新

随着网络的普及与发展，农民网络思想政治教育将愈发重要。农民网络思想政治教育在教育工作者的阵地意识、教育主体和教育客体的关系、教育内容以及教育舆论环境等方面提出了其需要不断创新发展的问题。

第一，意义世界和生活世界的融合。至少可以从两个角度对“自媒体”进行定义：第一个角度，与“他传播”相比，是每个用户都拥有一个麦克风；第二个角度，与“被传播”相比，每个用户都具有用手投票的自由。也就是说，内容生产是自媒体发展的核心要义，自媒体通过吸引用户自主发布内容，同时通过内容留住用户的关注度。在自媒体时代农民网络思想政治教育中好像存在一个矛盾的概念，也就是既不能“迎合媚俗”，又要能“曲高和寡”。在实践中，通常会采用降低主流价值观比例，甚至放弃主流价值观，从而实现留住更多用户的效果。从

① 陈志强．互联网的媒介准入门槛与农村的公共话语空间[J]．河南社会科学，2008（01）：146—148．

“给青年的一封信”中懂得，“曲高和寡”不能算是主流价值观，恰好相反，主流价值观应是如何通过创新性的姿态发掘关键的问题和切实的需求。首先，“微话题”凸显“大议题”。主流价值观并不是死板的，形象的、具体的、生动的都可能成为主流价值观。主流价值观不应只停留在口头上，应以用户的视角来安排议程，不断采集实际生活中的鲜活议题。建立微观和宏观间的桥梁，由微观到宏观自然过度。我们“可以赋权给个体，让个体在追求自我的幸福中同时承担起更为广阔的国家和社会的使命，从‘为己’的理想信仰中体味生命幸福的同时，生发出‘为他’的情怀与责任，在‘为他’的理想信仰中成就人生的厚度”①。另外，守“正”出“新”。倘若前面提到的内容旨在内容上和生活世界的融合，那这里的主旨是在形式上和生活世界的融合。守“正”是指话语表达要力求准确，出“新”是指话语表达应该新奇。在自媒体时代，农民网络思想政治教育应“改文风”，拒绝“一言堂”，用平等、真诚的“人格化”语言和网民互动、交流，将政治语言转变为大众语言，要达到的效果为简练、轻松、诙谐、直白。有学者认为《人民日报》微博文本有如下四个特点：体裁，注重文约事丰；词汇，注重行文易读；句法，注重情感表达；呈现方式，图文并茂，视听共享②。温柔、温和特质的话语能够很大程度地排除可能存在的排斥感和距离感，如沐春风的方式能够很大程度地排除可能产生的逆反心理。

第二，自组织教育和他组织教育的一体化。自组织的定义是，在取得功能的、时间的或空间的结构过程中，一个组织若无外界特定的影响，就可以称这个体系是自组织的。与此相反的就是他组织，他组织的定义是，一个体系在没有外界参与的条件下无法实施演化。它的组织化是通过外在驱动动力作用下的组织过程或结果来实现的，而不是本身自主、自发的过程。就如“好事不出门，坏事传千里”。虽然感性的、消极的信息有吸引关注的效应，但主流价值观通常既不是对人低等级需要的满足，也不是对人近期需要的满足，更不限制于狭隘的个人需求满足。主流价值观一般包括人的高层次需求、社会需求和长远需求的满足。所以，推进农民网络思想政治教育属于他组织教育的一个过程。尽管媒体传播介质无法掌控

① 练庆伟．论现代化视域下个人信仰与社会信仰的关系——兼谈坚定马克思主义信仰[J]. 理论导刊，2017（02）：51-53.

② 宋友谊．@人民日报新浪微博文本分析[J]. 新闻战线，2014（11）：96-97.

网民“怎么想”，但能够凭借议题设置与公众人物引领网民“想什么问题”。在这些公众人物中，明星、学者、大 V 等对网民思想政治教育具有重要的作用，凭借他们在话语权方面的影响力，能够吸引自媒体平台上的用户追随点赞和转发，变成了促进他组织向自组织转变的关键影响因素。他组织向自组织的转化的过程是主流价值观持续和用户的价值标准、思维习惯和生活方式相互融合从而形成自主行动的过程。自组织教育的特点不是从上到下的单向性传导，而是向各个方向网状辐射。

自媒体是一种由广大群体共同创造内容同时以广大群体为受众的传播方式。在传统媒体中，根据两分法理论，世界由传播者和受众两部分构成，也就是若非读者则为作者，若非观看者则为广播者，若非欣赏者则为表演者。新媒体与此相反，它使每个人不仅有听的机会，而且有说的条件。农民网络思想政治教育中教育者与商业媒体、意见领袖、受教育者处于四分话语权的关系。强化教育的自组织性需要处理好如下关系：其一，教育者与受教育者之间的关系。在新媒体时代受教育者的角色变得更为主动，不是“枪弹论”下的靶子，是能生产内容的“用户”。其二，教育者与商业媒体之间的关系。从党的十九大传播来看，《人民日报》与新浪微博在大事件报道中已经形成了亲密无间的协同机制，使优质内容能够快速传播和全面触达受众。这个过程实现了“1+1>2”的传播效果。其三，受众之间的关系，这包括意见领袖与受教育者之间和受教育者与受教育者之间的互动关系。总之，这些关系表现为一致、分歧和对抗三种，需要避免对抗、消除分歧、达成合力，实现主流价值观的自组织传播。

第三，官方舆论场与民间舆论场的互动。所谓舆论场，正是指包括若干相互刺激的因素，使许多人形成共同意见的时空环境。当下中国客观存在着两个舆论场：一个是国家电视台、国家通讯社等营造的主流媒体舆论场；一个是议论时事依托于口口相传，特别是互联网空间的民间舆论场。络舆论场可以认为就是一种“拟态环境”，这种环境中我们可以看到，它带给我们的消息时快时慢，但只要我们信以为真，我们似乎就会认为那就是环境本身。这是符号系统构建出来的符号化的信息环境，农民网络思想政治教育的育人功能就是在这两个舆论场中经过反复多次的碰撞、扬弃、融合而实现的。发挥农民网络思想政治教育在自媒体平台的育人功能需要官方舆论场与民间舆论场的同频共振。第一，官方舆论场要“增彩”。增彩是为了让官方舆论场更有吸引力、辐射力和亲和力，但是增彩不能以丧失主旋律为代价，增彩的过程中要谨慎，以确保信息真实可靠。第二，民间舆论场要“健康”。民间舆论场因为人人都可以发言，固有信息失真、意见失当的问题，甚至成为少数人泄私愤和中伤他人的污浊之地。民间舆论场因而需要不断优化，使之更加健康。总之，官方舆论场和民间舆论场有各自的弱点，也有属于自己的长处，需要营造好两个舆论场协同共振的育人生态。

值得注意的是，农民网络思想政治教育还需要面对其他问题。比如，信息“碎片化”问题。微博、微信、微电影、微视频等都具有短、平、快的特点，这样主流价值的完整性可能被剪裁、遮蔽，同时也可能使育人持续影响力变得不稳定。只有通过不断创新，自媒体时代农民网络思想政治教育才不会是“宣传任务”的代名词，而可以成为“高点击率”的代名词，并为广大农民所喜爱。

第二节　基于人口流动下的农村精神文明建设要求

流动性是现代社会的典型特征。随着改革开放的不断发展，我国社会的流动性越来越明显，与此同时，农村的相对静止状态被打破，城乡流动日益增强。如何做好流动背景下农民思想政治教育问题是将来相当长时间内需要不断创新发展的问题。本节梳理了农村人口流动的发展历程和特征，分析了流动人口与农村精神文明建设的挑战，提出了流动背景下农村精神文明建设创新思路。

一、农村人口流动的发展历程和特征

为了维持社会秩序，保护公民的权利和利益，服务于社会主义建设，中华人民共和国成立初期和和会主义建设文明人口流动性不强。1956 年社会主义改造完成后，城乡冲突呈现激化态势，经济建设出现“冒进”势头，大量农村人口涌入城市，中央不得不采取“反冒进”措施紧急刹车。1957 年，政府推出了严格限制农民进城的措施，通过户口管理、粮油供应、劳动用工等行政手段，建立起了城乡隔离带。1958 年 1 月，政府颁布了《中华人民共和国户口登记条例》，把已经形成的城乡二元利益格局用法律形式固化下来。这是中华人民共和国城乡统一户

籍制度正式建立的标志，也是城乡二元户籍制度确立的标志。由此，确立了农民流动的制度框架，农民被限制在户口所在地从事农业生产生活，不能随意流动到其他地区。1977 年 12 月，国务院批转了公安部《关于处理户口迁移的规定》，这一规定首次提出了“农转非”的概念，从此，隔断城市间、城乡间自由迁移的中国特色的户籍管理制度完全形成。总体上，从 1958—1983 年，中央对于城乡之间人口的迁移始终实行严格限制的政策，个体层面的自由迁移基本被限制，政府政策成为主导人口迁移的主要力量。随着改革开放的深入推进，农村人口流动的限制逐步松动。1983 年 1 月，中央发出一号文件《当前农村经济改革若干问题》，开始在全国农村推行家庭联产承包责任制改革，赋予农民经营自主权；1984 年 10 月，中共中央、国务院颁发了《国务院关于农民进入集镇落户问题的通知》，其中规定在集镇务工、经商、办服务业的农民和家属可以办理常住户口并发给《自理口粮户口簿》。至此，农民既可以“离土不离乡”，又可以“离土又离乡”，农民涌向城镇的闸门逐渐开启，但是人口流动是相对开放的。这个过程中，大量农村人口流动，给涌入城市带来了极大压力，之后收紧了人口流动的限制。但是随着 1992 年党的十四大召开，中国特色社会主义市场经济体制的发展，政府对人口自由流动的认识逐渐由管制转变为鼓励和引导。

进入 21 世纪，流动人口的数量已经破亿，城市的经济和基础设施也在十数年间经历了快速的发展，而整个国家社会主义现代化建设也进入了新的阶段。由此，中央政策开始转向于推动进城农民工与城市居民享受同等待遇，推动其市民化。此后，流动人口的数量继续保持增长，总量逐渐突破 2 亿人。2000 年 6 月，中共中央、国务院发布《关于促进小城镇健康发展的若干意见》，从 2000 年起允许我国中小城镇对有合法固定住所、稳定职业或生活来源的农民给予城镇户口，并在子女入学、参军、就业等方面给予与城镇居民同等待遇。2014 年 7 月，国务院印发《关于进一步推进户籍制度改革的意见》（以下简称《意见》），中国的户籍制度改革再次上路。《意见》明确提出，取消农业户口与非农业户口性质区分和由此衍生的蓝印户口等户口类型，统一登记为居民户口，体现户籍制度的人口登记管理功能。这意味着将不再区分农村娃与城市娃，标志着城里人和农村人身份上的统一，打破了几十年来城乡分割的户籍壁垒，是社会发展的一大进步。还要建立与统一城乡户口登记制度相适应的教育、卫生、计生、就业、社保、住房、土地及人口统计制度，逐步实现城乡居民平等享有公共服务和社会福利待遇。户口登记制度统一后，将不再以农业户口与非农业户口为依据区分农村人与城里人，改为根据居住地的不同来区分城镇人口和农村人口，根据从事的职业区分农业人口与非农业人口。当然，由于城乡发展不平衡，居住在农村的居民与居住在城里的居民原先存在的待遇差别的消除，需要一个过程，需要加快推进基本公共服务均等化、加快推进城乡一体化发展，还需要加快推进农村土地确权、登记、颁证，维护好农民的土地承包经营权、宅基地使用权和集体收益分配权。今天，农民不仅能自由流动，而且合法权益得到极大保障。流动性对教育者、教育对象和教育实效性都带来挑战，带来了教育实施难、教育接受难和效果弱等问题。因此，社会流动常态化背景下农民思想政治教育创新问题成为重要议题。

总体上，我国流动人口迁移政策大致可以分为五个阶段，即1949—1957年的自由迁徙阶段、1958—1983年的严格控制阶段、1984—2002年的逐步放开阶段、2003—2012年的公仆理念的提出及贯彻阶段和党的十八大以来全面推进市民化阶段[①]。与之对应，农业流动人口在20世纪70年代被称为“外流劳动力”，在20世纪90年代被称为“农民工”。这种变化表明了各个时期政策在不断调整，表明了人民思想认识的变化与进步，还表明了农民城乡流动由无序到有序的发展过程。同时，农民城乡流动的速率不断增长，这种趋势在未来相当长时间内仍将持续。总体上看，农村流动人口有如下特征：

第一，流出与留守并存。中国的城乡移民过程具有多样性，主要有只身外出、家庭外出两种情形。只身外出与家庭外出在一定意义上也代表了农村人口流动的两个不同阶段，当然这两种情形不是完全隔离的，它们往往交织并存。一是只身外出的情形。由于户口制度的持续影响，也为了降低家庭风险系数，农民往往只身前往城市或者其他地方打工，其不是为了整个家庭移民，而是主要为了增加家庭收入。他们定期返乡，春节期间大规模的人员流动就是典型表现，同时定期或者不定期地将在外面挣到的钱寄回家乡，供家庭日常开销，或者在家乡建造体面的大房子。二是家庭外出的情形。因为城乡差距的存在，越来越多的外出人员在条件允许的情况下将配偶和子女接到自己工作的地方一起生活，既有利于彼此相互照应，也有利于为子女提供更好的教育生活条件。但是，他们在农村仍然有一

① 国家卫生健康委员会．中国流动人口发展报告2018[M]．北京：中国人口出版社，2019.

个家，他们的主要社会关系仍然在农村，在城市更像是临时性的居所。不管是只身外出还是家庭外出，都意味着人口的流出，但是同时也意味着留守人员的存在。留守人员可能是老人或者儿童，也被称为“留守老人”“留守儿童”。如果条件允许的话，留守老人或者留守儿童会和他们家人一起到城市生活，这时又成为流动老人或者流动儿童。不管老人还是儿童，他们都会经历一个社会融入的过程，尤其是老人的社会融入更难，这其实是一种“半城市化”状态。

第二，流向单向与双向互动。从农民具体的流动方向看，“农民的社会流动不再仅仅是在农村社会或农业社会内部的流动，而是愈来愈表现为跨地区、跨行业的流动。农民流动的方式一般被划分为本地农村型、外地农村型、本地乡镇型、本地城市型、外地乡镇型和外地城市型共六种类型。以上六种农民流动方式中，除第一种外，后五种都属于跨地区或跨行业的流动”。农民流动的方向呈现单向性，主要从农村流向城市，从相对欠发达地区流向发达地区。当前，流向也出现互动的态势，有些农民回到农村。近些年，我国城市建设步伐放缓，“农民工回流”现象开始显现，并呈现逐年上升趋势，部分地区甚至出现“民工荒”。自 2013 年起，“农民工回流”已经成为一种普遍现象，尤其是安徽、湖北、四川等农民工外流大省，回流现象更加明显。湖北省统计局数据显示，2017 年湖北省流动人口 157 万，同比增长 8 万人；四川省统计局数据显示，2017 年从省外流入成都的常住人口数量高达 46 万人，流入绵阳常住人口 10 万人，流入广元、泸州、德阳等地常住人口均超过 5 万人。回流现象明显，并逐渐趋于稳定。此外，其他省市也均存在“农民工回流”现象，规模依然在持续增加，增速高达 20% 左右。

第三，流动量增加相对稳步。农民流动的数量呈现不断增长态势，但是随着城市化进程的发展也有局部调整。2000 年到 2010 年流动人口由 1000 多万增长到 2000 多万；2010 年到 2018 年流动人口保持在 2000 万到 3000 万之间，但总体仍然呈现稳步增长态势，其中农民工流动人口由 2008 年的 22 542 万增长到 2018 年的 28 836 万人。[①]2021 年全国农民工总量 29 251 万人，比上年增加 691 万人，增长 2.4%。其中，外出农民工 17 172 万人，比上年增加 213 万人，增长 1.3%；本地农民工 12 079 万人，比上年增加 478 万人，增长 4.1%。年末在城镇居住的进城农民工 13 309 万人，比上年增加 208 万人，增长 1.6%。在外出农民工中，跨

① 侯中太 .“农民工回流”为乡村振兴增添新动能 [J]. 人民论坛，2019（16）：68—69.

省流动 7130 万人，比上年增加 78 万人，增长 1.1%；省内流动 10 042 万人，比上年增加 135 万人，增长 1.4%。①

在外出农民工中，在城镇居住的进城农民工 13 500 万人，在外出农民工中，在省内就业的农民工 9917 万人，比上年增加 245 万人，增长 2.5%；跨省流动农民工 7508 万人，比上年减少 86 万人，下降 1.1%。省内就业农民工占外出农民工的 56.9%，所占比重比上年提高 0.9 个百分点②。分地区看，除东北地区省内就业农民工占外出农民工的比重比上年下降 3.4 个百分点以外，东部、中部和西部地区省内就业农民工占比分别比上年提高 0.1、1.4 和 1.2 个百分点。由报告可以看到，农民工流动的增速放缓，甚至有个别年份出现局部的负增长，同时农民工流动的区域也不平衡，有的区域仍然增长比较快，有些区域则有所下降。

二、流动人口与农村精神文明建设的挑战

流动是过程，也是结果。从过程维度看，从一个地方流动到另一个地方，这是个人的重大生活事件；从结果看，农民流动往往徘徊在城市与农村之间，呈现一种“半城市化”状态。也就是说，“农村流动人口虽然进入城市，也找到了工作，但是没有融入城市的社会、制度和文化系统，在城市的生活、行动得不到有效的支持，在心理上产生一种疏远乃至不认同的感受，处在‘半城市化’状态”。“与城市化相比，‘半城市化’的关键就在‘半’上，形象地看，犹如一个人一只脚已经跨进门槛，另一只脚还在门外一样，是一种分离的现象。农村流动人口的‘半城市化’就在于，他们虽然进入了城市，在城市找到了工作，也生活在城市，但是问题在于，城市只把他们当作经济活动者，仅仅将他们限制在边缘的经济领域中，没有把他们当作具有市民身份的主体，从体制上没有赋予其基本权益，在生活和社会行动层面将其排斥在城市的主流生活、交往圈和文化活动之外，在社

① 国家统计局最新发布：13309 万农民工已进城[EB/OL].(2022-4-29)[2023-05-25].https://mp.weixin.qq.com/s?__biz=MzI1NTkxODcwNg==&mid=2247525405&idx=3&sn=86197673a96e69eec16fefe550a986c6&chksm=ea2cb300dd5b3a16ffbca7d83be7217f78a6647925fcf0dee6f1bb13644d8f39acc228167c4b&scene=27

② 国家统计局：[EB/OL].(2020-05-05)[2023-05-11].https://www.sohu.com/a/393134224_776128

会认同上对他们进行有意无意地贬损甚至妖魔化。”① 显然，“半城市化”状态涉及经济、体制、社会生活和思想观念等不同层面，简单来看可以分为外部的结构性因素和内在的主体因素。如果从时间维度看，这几个不同维度在不同时期是有变化的。在农村人口流动的开始阶段，农村流动人口的“半城市化”就体现在体制、社会生活行动和社会心理等层面的不整合，对此王春光认为，具象特征主要体现在非正规就业和发展能力弱化、生活于城市的边缘以及社会舆论的“妖魔化”和社会认同的“内卷化”。经过多年的社会主义现代化建设，社会主义市场经济不断完善发展，户籍制度也实现重大突破，民生和社会保障也取得巨大成就，当前城乡二元体制仍然存在，不过，现在的城乡二元体制中，几乎所有限制农民进城的体制机制障碍已经清除或者正在清除。“半城市化”中的结构性因素问题已经基本解决，而主体性因素成为其中的重要阻隔。从思想教育视野看，主要有如下议题。

第一，思想观念现代化。移民是个体人生中的重大生活事件。生活事件实质上是一种应激源，是对人的思想观念变化的重要影响因素。对此心理学、社会学、教育学等不同学科都有深入的研究，揭示了重大生活事件对个人心理的影响，乃至对个体价值层面的信仰问题的影响。这种影响有正面积极的，也有负面消极的。对此，有学者曾经指出，一部分流动人口离开家乡后，家乡的乡土文明规则和习惯被遗失了，城市的现代文明规则还没有被接受，反而接受了许多反文明反社会的观念和行为。用农民通俗的语言说，就是“好的没有学到，坏的学了不少”。一是不愿再像他们的祖辈那样艰苦奋斗，恪守有劳才有获的理念；二是不愿再坚守他们祖辈遵循的“集体本位”传统，而为“自我中心”的观念所支配；三是不再如其祖辈那样具有强烈的权威意识，而是蔑视一切秩序和权威，迷信暴力。同时，外出打工者的收入没有用于生产，而是用于非正当性和炫耀性消费，如赌博等，这不仅败坏了传统的乡村社会风气，而且引起了更多人的心理失衡。显然，农村思想政治教育要努力发挥流动给农民带来的积极影响，同时要努力消除流动给农民带来的消极影响。从传统与现代关系看，农村思想政治教育要弘扬中华优秀传统文化，促进中华优秀传统文化创新性发展和创造性转化；从个人与社会关

① 王春光．农村流动人口的“半城市化”问题研究[J]. 社会学研究，2006（25）：107–122+244.

系看，要进一步加强社会主义集体主义道德观教育，引导人们正确处理个人与集体的关系，坚决反对极端个人主义；从秩序与自由关系看，要引导人们正确看待制度、规范和传统习俗的合理性，避免极端自由主义滋长，出现无法治、无理智、无秩序等不良现象；从生活方式角度看，要引导人们确立正确的幸福观、得失观、荣辱观、消费观、家庭观等观念。

第二，社会融入与社会适应问题。当前中国至少存在三种不同的农村：一是沿海城市经济带农村地区，以珠三角和长三角为典型，这些地区已经工业化，农村已经城市化，占全国农村总数不超过 10%；二是适合发展休闲农业和乡村旅游等新业态的区位条件和旅游资源丰富的农村地区，占全国农村的 5%；三是一般农业型农村地区，主要从事传统农业生产，占全国农村 70% 以上。这 70% 的农户中又有三种情况：家庭经济条件比较好、举家进城的农户；农户家庭中青壮年劳动力进城、老年人留守务农的农户；全家留村的农户。其中第二种情况大约占到 70%[①]。对于第一种和第二种类型的农村来说没有太大的移民动机，也不存在太多的社会融入和社会适应的问题，但是存在观念和生活方式现代化问题。对于占全国农村绝大多数的第三种类型，农民因为城市提供了较多的机会和可能，都愿意进城居住。但是，对于农民的流动不仅是地域上的地理空间的变化，更重要的是它从原来的体制框架中游离出来。流动人口脱离了原有的社区、单位、户籍、身份，也就脱离了原制度紧密对应性的“关系”。流动人口脱离原体制的彻底性远大于个体户、私营企业主等其他群体。流动人口已形成了一个新的“社会空间”，在这个“空间”里，他们有不同于其他社会群体的生存方式、行为规则、关系网络乃至观念形态，而且这些要素在不断地被“再生产”着，已成为一种结构化的东西。农村移民虽然居住在城市里，但他们的生活与城市人的生活极为不同，他们的生活空间和生活方式都与城市人相隔绝。社会融入和社会适应需要制度设计等硬件方面的完善，也需要思想教育维度的价值观念的引领。主要涉及两个方面：一方面是针对流出农民的思想政治教育，通过教育让他们更好地融入新的工作生活空间；另一方面是针对流入地居民的思想政治教育，通过教育努力让“当地人”更合理地看待“外地人”，尤其避免出现将“外地人”妖魔化和污名化等现象。

第三，思想政治教育对象结构变化。中国快速工业化和现代化的同时也是快

① 贺雪峰．大国之基：中国乡村振兴诸问题[M]．北京：东方出版社，2019.

速城市化的进程。中国正处在史无前例的快速城市化的进程中，越来越多的农民进城务工，越来越多的农民在保留农村的住房和土地承包权的同时迁移到城市居住。改革开放 40 多年后，这种趋势虽然有所减缓，但是城市化的进程仍然是未来发展不可逆转的趋势。未来 20 年将是中国快速城市化的 20 年，也就是农民快速进城的 20 年。一方面，农村青壮年劳动力进城务工经商，另一方面，农民阶级条件好、家庭收入高的富人进城定居。在这种背景下农民思想政治教育的对象可以分为留守的农民、流出的农民两大群体，其中留守的农民中有老年人和未成年人，流出的农民中有老一代农民工和新生代农民工。这样农民思想政治教育主要面对两大矛盾，即传统文化与现代文化的矛盾和现代主流价值观与亚价值观的矛盾。前者主要是如何看待传统文化，同时接受并融入现代文化的问题；后者主要是在泥沙俱下的文化背景下如何接受并确立主流文化价值观。也就是说，前者主要是老一代人如何跟上时代的问题，后者主要是跟上时代的新生代如何融入主流的问题。因此，流动背景下农民思想政治教育的教育对象日益分化，对思想政治教育精准化的要求日益迫切。

三、人口流动背景下农村精神文明建设的创新

农民社会流动的微观维度是就个体生活机会的考虑，中观维度是中国特色社会主义现代化建设，宏观维度则是现代社会的流动性特征。这是上述谈及的流动背景下对农民思想政治教育提出议题的基本背景。社会学家齐格蒙特·鲍曼（Zygmunt Bauman）曾将现代社会的本质特征概括为“流动”，并认为这种流动性赋予了社会个体更多的自主可能性。换句话说，流动背景下农民思想政治教育在面对挑战的同时，也带来了加强和改进农民思想政治教育的重要机遇。

第一，把握“缺场”与“在场”的辩证。从流动的视角可以将农民的流动性分为如下三种情况：一是从事农业生产活动并长期固定居住于农村的农民；二是从事农业和相关产业往返于城乡之间的农民；三是长期固定居住于城镇的农民。第二种情况是典型的流动状态，形成了“想参与就在，不想参与就不在”的不受约束的“自由人”；第一种和第三种情况是相对静止的，但是第三种情况其实是流动的结果，成了“有权管而管不着，管得着而无权管”的“边缘人”。同时，随着网络社会的到来，物理空间和虚拟空间的互动，也进一步强化了农民思

想政治教育的流动性特点。对于这种流动性如果借用齐格蒙特·鲍曼“液态社会”的表述，我们可以认为农村思想政治教育对象铁板一块的传统特点转化为了流沙式的液态性。流动性没有改变思想政治教育主客体存在的事实，但是改变了思想政治教育主客体的存在方式及主客体互动方式，提出了教育对象“缺场”境遇下农民思想政治教育创新问题。对此，物理空间的延伸和虚拟空间的拓展是两个值得关注的维度：一方面，圈子有利于实现物理空间的延伸。圈子因为内部成员的相对稳定性和与故乡的关联性，教育对象“缺场”境遇下农民思想政治教育可以挖掘的重要载体。另一方面，借助网络的数字化存在，改变“缺场”为“在场”。在网络空间中，人可以以符号、影像等信息方式展现出来，使符号所指的对象和影像所依托的实体即使并不在场也能使观察者对他们产生一种在场感，某种意义上就是一种虚拟在场。当前，随着信息技术的不断发展，尤其5G的广泛应用，视频电话、视频会议等虚拟在场实现方式不断丰富，在不接触的情况下同时进行社会实践在技术和组织上成为可能。虚拟在场虽然不是通过感官的直接感知关系，但是通过信息为媒介的间接感知关系，虚拟主体通过图像、声音和视频等方式呈现出来，因而虚拟主体摆脱了时空限制，通过这种关系弥补了客体流动不均的问题，同时也弥补了主客体分离的弊端。而且，虚拟主体也进一步丰富了农民思想政治教育的主客体关系。主客体直接呈现出一种平等交流、双向互动的关系，同时主客体呈现出共时性的交互和历史性的交互的叠加关系。

第二，把握被动“接收”与主动“接受”的辩证关系。思想政治教育不仅是个体直接的思想互动，更是一定的阶级、集团和群体之间的思想互动。从教育行政管理的角度看，思想政治教育作为一种组织化的活动，往往具有比较强的行政特性，教育活动要求教育行政主管部门有相对统一的部署；从普通教育工作者的角度看，教育工作者需要创造性地落实相关的工作部署，但是实践中其创新意识和创新能力仍然需要加强，存在“形式”大于“内容”的问题，比如虽然安装了多媒体等技术设备，但受教育者仍然只是读报纸、念文件等，教育实效性不强；从教育对象的角度看，农民的流动性也加大了其价值取向和利益要求的多样化和复杂化趋势，作为接受思想政治教育的“当事人”，参与动机上是为了完成任务，产生了“客人”思想，缺乏参与组织生活的“主人”思想。随着农民的流动性不断增强，这种刚性的要求落实起来变得越来越困难，这就提出了“超越‘接收型’

的‘接受性’思想政治教育范式”[①]的问题。一方面，提升教育者的服务意识。把受教育者作为主体，就要增强教育者的服务意识。教育是一种指导，也是一种服务。教育者比较易于把自己当作指导者，而不易把自己看作是通过自己的教育活动来为学生提供服务的服务者。服务意识意味着教育者与教育对象之间是平等关系，意味着教育者与教育对象之间是双向互动关系，意味着教育者要充分尊重教育对象。另一方面，重视受教育者的主体性。受教育者并不是你打我通的被动状态。1964 年，美国社会心理学家雷蒙德·鲍尔（Raymond Bauer）在《美国心理学家》杂志发表论文《顽固的受传者》认为，受传者主动寻找所需信息，用以解决问题，或巩固信仰。1979 年，英国学者杰伊·布鲁勒（Jay Blumloer）在《使用与满足研究中理论的作用》一文中指出，所谓受传者“主动”有四层含义：一是功利性，即寻找有用信息。二是意向，即基于以往动机使用媒介。三是选择性，即反映以往兴趣。四是不轻易受影响，这才是受传者“顽固”的含义。这种理论是从传播学视野来看人们对思想观念的接受问题，当然这个理论也只能解释短期内人们接受思想观念存在的“顽固”现象，不能说明长期结果如何。这个理论说明流动境遇下农民思想政治教育要重视教育对象的主体性、创造性和能动性，重视教育对象的“期待视野”。

第三，把握“守正”与“创新”的辩证。列宁曾说：“与居民离开农业而转向城市一样，外出做非农业的零工是进步的现象。它把居民从偏僻的、落后的、被历史遗忘的穷乡僻壤拉出来，卷入现代社会生活的旋涡。它提高居民的文化程度及觉悟，使他们养成文明的习惯和需要。”[②]我国农民流动经历了由赋予农民工平等权利到提供和完善农民工所需的各项社会服务和保障，再到推进转移人口市民化，因而在市场、流动、风险和个人自主等方面的现代意识不断增强。“见过世面”的人们回到农村不仅带来了物质财富，也带来了新的文化和生活方式，这直接冲击着原有的权威、规则和秩序，改变着人的行为观念和规范。这样的境遇下，如果只是传递老旧的内容和价值观念并不能很好地契合其需求，因而思想政治教育内容要与时俱进。“守正”就是要守住“立德树人”的根本。思想政治教育内容

① 赵红灿，杜文博．论网络思想政治教育的接受范式乃提升策略[J]．江苏高教，2019（10）：102—107．

② 列宁．列宁全集（第 3 卷）[M]．北京：人民出版社，1984．

的与时俱进不是说要抛弃原有的内容，恰恰相反，对于超越时空限制的核心价值和精神必须坚守，对于社会主义意识形态必须坚守。“创新”就是在坚守的同时与时俱进地发展教育内容，尤其是世界观教育、思想政治教育、人生观教育、心理辅导、生活职业技能教育等具有时代特点的内容。

第三节　新生代农民工与农村精神文明建设

新生代农民工可以认为是网络社会的原住民，同时也是流动社会中的典型主体。前两节从网络社会和流动社会的时代背景维度出发探讨了农民思想政治教育的创新问题，本节从农村流动人口的代际视角分析新时代农村精神文明建设的问题，主要分析新时代农民工的群体特征、思想状况和新生代农民思想政治教育创新等问题。

一、新生代农民工的定位及群体特征

对于新生代农民工的具体定位，不同学者有不同的划分。主要有：第一，外出年代论。王春光认为，改革开放已经有 40 多年时间，按照习惯，10 年之差就等于是两代人，可以将 20 世纪 80 年代初次外出的农村流动人口算作第一代，而 90 年代初次外出的算作新生代[①]。第二，出生年份论。国家卫生健康委员会编的《中国流动人口发展报告》以及国家统计局发布的《农民工监测调查报告》基本都采用的是以年龄为依据划分标准，即 1980 年后出生的农民工都称为新生代农民工。其实，不管是从外出的年代划分，还是从出生的年龄划分，具体指向的主体基本一致，当然出生年份是固定的，所以这个角度进行界定更加具体，更具有可操作性。我们对新生代农民工从两个维度进行定位，一是定量维度，即从出生年份定位，这样可以比较直观地考察我们的研究对象；二是定性维度，即综合考察农民工外出时间和农民工代际发展，在比较中思考新生代农民工的思想特征和可能采用的教育理念。

① 王春光．新生代农村流动人口的社会认同与城乡融合的关系 [J]. 社会学研究，2001（03）：63-76.

伴随着工业化和现代化的进程，中国流动人口开始大规模流动。根据2018年中国流动人口发展报告看，20世纪80年代以来，中国流动人口经历了三个时期：第一个时期是20世纪80年代初期到90年代初期，随着《关于农民进入集镇落户问题的通知》的发布，国家放宽了对农村人口进入中小城镇就业生活的限制，促进了农村人口的乡城转移，我国流动人口规模从1982年的670万人增加至1990年的2135万人，年均增长约7%；第二个时期是1990—2010年，流动人口规模以更快的速度增长，从1990年的2135万人增加至2010年的22 143万人，年均增长约12%；第三个时期是2010年以来至今，这段时期相对缓和，2010—2015年的流动人口增长速度年均约2%，但是1980年及以后出生的新生代劳动年龄人口占全部劳动年龄流动人口的比例从17.2%上升至62.3%，新生代劳动年龄流动人口规模从1408万人增加至近1.3亿人，已经成为劳动年龄流动人口主体[①]。其中，新生代农民工正在逐步取代老一代农民工，成为农民流动的主要人群。据国家统计局相关数据显示，1980年及以后出生的新生代农民工逐渐成为农民工主体，从2013年到2017年呈现逐年上升的趋势，到2017年新生代农民工已经占全国农民工总量的50.5%，比上年提高0.8个百分点；老一代农民工占全国农民工总量的49.5%[②]。新生代农民工有不同于老一代农民工的特点：新生代农民工教育时间更长，但务农经历更少。随着九年义务教育的普及，我国的基础教育获得了飞速的发展，新生代农民中大部分人完成了九年义务教育。农民工中，未上过学的占1%，小学文化程度占13%，初中文化程度占58.6%，高中文化程度占17.1%，大专及以上占10.3%。大专及以上文化程度农民工所占比重比上年提高0.9个百分点。同时，大部分人是从校门直接走上外出务工经商的道路，因此他们的务工经历更少。

新生代农民工从主要基于生存理性向发展理性转变。“进入21世纪，中国城市化速度骤然加快，在短短十多年时间里，中国的城市化率就由2000年的36%上升到2016年的57%。未来20年将是中国继续高速城市化的时期。”[③] 如果按照

① 国家卫生健康委员会．中国流动人口发展报告2018[M]. 北京：中国人口出版社，2019.

② 国家统计局：2019年农民工监测调查报告[EB/OL].(2020-05-05)[2023-05-11].https://www.sohu.com/a/393134224_776128

③ 贺雪峰．大国之基：中国乡村振兴诸问题[M]. 北京：东方出版社，2019.

这样的发展趋势，第一代农民工已经大略完成了他们的家庭责任，或者成功宜居城市，或者随着年龄的增长不适应城市的工作和生活又回到农村，与此同时，新生代农民工成为农村人口流动的重要群体。第一代农民工的进城务工心态主要是生存理性，生存理性指两层含义：其一是说农民工的行为是理性的；其二这种理性是生存性质的。而第二代农民工进城务工的心态转变为以发展理性为主，所谓发展理性是与第一代农民工相对而言的，就是把“根”从农村拔出来了，生活方式趋于“城市化”，情感认同偏向城市，价值取向背离“乡土”。总体上，两代农民工在务工目的、人生价值追求等方面存在着诸多的差异，也就是说新时代农民工不仅要找一份工作或者增加收入，而且更关注如何拓展生存空间。

新生代农民工“城市梦”存在丰满与骨感的张力。因为新生代农民工不再拘泥于生存理性，而是有强烈的发展理性倾向，作为这种转变的一个标识是新生代农民工普遍有强烈的“城市梦”。从价值层面看，“城市梦”彰显了新生代农民工对美好生活的向往。虽然城市有时候也可能让生活变得更紧张，尤其大城市表现更加突出，但是如同一个广告词说的“城市，让生活更美好”，城市代表了更高品质、更高层次的生活，仍然是普遍的信仰。从实践层面看，“城市梦”也凸显了新生代农民工对美好生活的误解，容易将城市与乡村对立起来，认为城市是先进的，乡村是落后的；将勤劳节俭与消费享受对立起来，认为勤劳节俭是过时的，消费享受是时尚的；将个人与他人对立起来，认为个人自由是绝对、至上的，秩序与权威是反动的；等等。

二、新生代农民工与农村精神文明建设面对的挑战

今天，人类拥有的技能、工具和体制已经和《论语》产生的时代有了根本的变化，但是人类的心灵结构、人类的社会关系本质、人类面对的根本主题没有变。所以，我们读《论语》仍然能从字里行间找到自我，找到生活的智慧。同样的道理，新生代农民工与第一代农民工思想政治素质发展的主要问题仍然是个人与他人、个人与社会、物质与精神、眼前与长远等矛盾，这些矛盾具有跨越时代的特征。这些矛盾的主要议题虽然没有改变，但是新生代农民工是穿着牛仔裤、喝着可乐、用着智能手机的一代，因此他们面对的具体困惑具有时代性特征。以下主要从三个维度分析新时代农民工思想政治教育的主要矛盾。

第一，新生代农民社会融入问题。如前文所述，社会融入和社会适应是农民社会流动需要面对和解决的问题。在城乡政策上，有学者认为存在“城乡分治、一国两策”。20 世纪 50 年代以后，我国逐步建立了一套城乡分割的二元体制，这一体制的运行，在诸多方面是两套政策：对城市是一套政策，对农村是另一套政策。几十年下来，逐步固定化，加上有户籍、身份制作划分标准，就形成了“城乡分治、一国两策”的格局。这样的格局下，对于大多数农民来说没有“乡愁”，而是“城愁”，他们希望进入城市生活，拥有更高品质的生活。这样的格局有其弊端，但也是保证农民返乡权利的城乡二元体制。因为在限制城市资本下乡背景下，农民有赖以生存的土地可以耕种、可以居住，正是因为农民有农村这样一个退路，进城农民可以在城市一搏，即使他们这一代人无法体面融入城市，但他们仍然可以将融入城市的希望寄托在子女身上。从这个意义上看，农民可以自由进入城市，但是城市资本不能进入农村，为农民提供了“进可攻、退可守”的体制性机会，这也是中国推进城市化过程中一个重要的制度性优势。这种制度性优势让农民可以比较有序地融入城市，同时避免了因为不能返回农村而不得不寄居于城市而出现大规模贫民窟的问题。但是从代际视野看，新生代和第二代农民流动人口虽然仍然拥有返乡权等制度性供给，但是对于他们来说返乡的意愿已经越来越小。新生代农村流动人口也许从来没有长期在“故乡”生活。他们既不熟悉“故乡”的一草一木、乡亲邻里，也不了解“故乡”的方言、风俗习惯，“故乡”更像是父辈曾经生活的地方，所谓“故乡”对自己只是一个陌生的概念。不像其父辈有一个可以回去的“故乡”，这个“故乡”不仅给他们的经济兜底保证，而且也是精神的家园。因此，这样的“故乡”只是一个户籍所在地，除了法理关系外，似乎和自己关系不大，“回家没意思”是他们普遍的心理状态，因此不能提供物质保证，也不太可能是精神家园。对此，有学者指出，新生代农村流动人口和第二代农村流动人口在壮大，逐渐地取代第一代农村流动人口。与第一代农村流动人口相比，他们对社会越来越不认同，既不愿返回农村，又难以容忍城市；他们对不公平现状有更多的感受和意识，对他们的边缘化地位越来越敏感，他们的相对剥夺感在增加，在行动上表现出越来越多的对抗性和报复性。其次，失地、无地农民大量涌现，加入农村流动人口行列，农村的土地保障对他们来说没有了意义，这使得他们失去了多种选择。也就是说，对于第一代农民工不存在面对融入

"故乡"的问题，只有如何融入"城市"的问题，不能融入"城市"可以返回"故乡"。但是，对于新生代农民工事实上一定程度上处于文明规则的"真空"之中，既与"故乡"有距离，也与"城市"有隔阂，因此具有融入"故乡"还是融入"城市"的双重困惑。不管是融入"故乡"还是"城市"都不那么容易，确立一个什么样的坐标和定位，坚守自己的选择成为新生代农民的重要问题。

第二，个人与他人关系问题。传统中国是"伦理本位的社会"，每个个体对"四面八方的伦理关系"，"在经济上皆彼此顾恤，互相负责；有不然者，群指目以为不义"。这种宗亲关系，在时间维度上有祖祖辈辈、子子孙孙，在空间上有七大姑八大姨，每一个个体与其他个体之间犹如一串项链彼此联系。但是现代社会这种关系有"原子化"的趋势，处于异乡的新生代农民也呈现"一袋马铃薯"的原子化状态。主要表现在个人与他人、这一代人与上一代人和个人与家族等方面关系的疏离。首先，就个人与他人维度看，比较突出体现在婚姻关系中。"农民外出务工经商以及农村社会开放造成的一个后果是农村传统通婚圈被打破了，在传统社会乃至2000年前，中西部农村存在一个传统通婚圈。2000年以后，农村传统通婚圈被打破，跨省婚姻越来越普遍。"① 人口流动突破传统通婚圈本身也是好事，但也造成了婚姻稳定性差的结果。农民新生代婚姻稳定性差有家庭收入等物质性因素影响，但更离不开新生代农民工价值观变化这个主体性因素。比如，有媒体就认为，两个同样年轻，同样盲目追求自认为的生活方式会导致他们不约而同追求自认为的自由生活，于是这就和婚姻生活产生了矛盾，你不让我，我也不让你，于是那就离婚，在他们的眼中离婚是一件很正常的事情。也就是说，年轻人缺乏道德的束缚，缺乏包容性，自己成了婚姻的"掘墓人"。其次，就代际关系维度看，突出体现于"啃老"问题。在"传宗接代"观念的加持下，农民愿意为子女付出，他们秉持"父母应该为孩子操心"信条。这条朴素的信念又可以不断具体化，比如"父母助子女成家立业""父母要为子女带孩子""父母尽量不要给子女添麻烦"等。祖祖辈辈都是这么过来的，表面上似乎这就是"啃老"，其实如果从代际视角看，权利与义务是对等的。费孝通认为，在中国，是甲代哺育乙代，乙代赡养甲代，乙代哺育丙代，丙代又赡养乙代……即下一代对上一代都

① 贺雪峰．大国之基：中国乡村振兴诸问题[M]．北京：东方出版社，2019.

要给予反馈的模式，简称“反馈模式”，这种反馈模式体现了代际之间的一种平衡。但是新生代农民工中也有认为对父母的索取是理所当然的，表现为极度自私地关注自身的生活，注重自身的享受。这种“啃老”可以认为是个人主义价值观的畸形产物，个体价值也要强调独立的自我，缺乏独立的自主、自立意识，也不考量权利与义务的平衡，是一种自私的个体价值观。最后，就个人与家族关系维度看，传统农村社会中，个人本体性价值是隶属于家庭以及宗族的，而这个家族优势与去世的祖祖辈辈和仍未诞生的子子孙孙所构成的无限绵延的世系，每个人都生活在家族的“祖荫下”，传宗接代因此成为农民的宗旨，成为农民将自己有限生命投入绵延子子孙孙的无限事业中的依据。但是，对于年轻的社会主义新人来说，生儿生女都一样，个人价值和自我实现也许比传宗接代更加重要……新的活法仍然在探索中，还没有形成与实现个人终极价值相匹配的新活法。也就是说，新时代农民面对的价值观失序问题不是一个方面、平面的，而是多个维度、立体的，既涉及个人与他人的空间维度，也涉及个人与他人的时间维度，因此这种转换在个体身上体现为个体的挣扎、彷徨与混乱，在社会方面体现为农村文化的失序和失调。

第三，物质与精神的问题。第一代农民工认为有属于自己乡土的价值观，同时很多时候也不做过多的横向比较，比如存在“我们怎么能跟城市人比呢？”的心态，因此他们身上呈现节俭主义的特点。“节俭主义是与传统社会或农业社会（匮乏经济）相适应的一种消费主体性和欲望调节机制。节俭一旦成为一种至上原则和信念，就成了‘主义’，即节俭主义。”“在这种心理机制的调节下，人的欲望被限定在满足基本生存的水平上，并具有相对凝固和稳定的特征，同时，新旧欲望的更替率慢。不过，节俭主义并不一味否定享受，但它强调先苦后甜，后享受。”[①] 与老一代农民工相比，消费主义则在新生代农民工身上留下比较明显的印记。“消费主义是工业社会，尤其是后工业社会的产物。它是与（后）工业社会的过剩经济相适应的一种心理机制或欲望形态。同样，当想法被当作实践享乐主义、物质主义和表现主义的人生观和信仰的活动，从而当作人生意义的一个重

① 王宁．从节俭主义到消费主义转型的文化逻辑[J]．兰州大学学报（社会科学版），2010，38（03）：14—22．

要来源的时候，消费就成了‘主义’，即消费主义。”[①] 有学者就指出，新生代农民工的消费状况发生了较大变化，其消费具有如下四个特征：一是消费内容上以物质商品为主，精神消费占比较低，体现消费的物质化、时尚化特征。物质消费上既有品牌手机、时尚服饰、高档化妆品等快速消费品，也有私家车、商品房等耐用消费品。二是注重商品的符号价值，体现符号化特征。与父辈注重商品的使用价值不同，他们更为注重商品的符号价值，炫耀性消费较为普遍。三是消费行为不够审慎，缺少节制原则，具有超前化特征。大量存在的“月光族”表明，新生代农民工缺乏审慎消费、理性消费的思考，提前消费较多。四是消费目的的利己性。他们的消费行为以满足个人使用为主，缺少对家庭需求的关注。总的来看，新生代农民工的消费行为呈现物质化、时尚化、符号化、超前化、利己化等。从节俭主义与消费主义的产生背景看，对于节俭主义和消费主义不一定只有批判的立场，因为它们的出现都是基于一定的社会生产条件。但是，如果从社会发展和个人发展的维度看，消费主义衍生出享乐主义、物质主义和表现主义。

显然，如果由此走向极端享乐主义，认为欲望的满足就是幸福，无限推崇炫耀性消费，那是需要警醒的。

三、新生代农民与农村精神文明建设创新

不同于第一代农民工，新生代农民工已经几乎没有回“故乡”的意愿，但是融入城市也有一定困难。当前保护返乡权的体制机制让农民在留城与返乡之间有了自主的选择权，因此新生代农民工的思想观念等主观能动性成为其如何更好地促进个人发展，进而有利于实现社会和谐的重要因素。如果思想观念中存在的偏差不能纠正，新生代农民工不仅不能实现个人健康发展，而且也可能成为社会秩序和谐的“不定时炸弹”。对此，社会需要拿出切实的办法关怀新时代农民工，我们认为如下三个方面是农民思想政治教育需要重点关注的议题。

第一，责任担当教育。第一代农村流动人口文化程度相对较低，在农村生活时间比较久，大多数人从事过农业生产活动，适应农村的生活方式和风俗习惯，这些因素使他们对农民身份比较认可。外出打工至少有机会获得更高的农业生产

① 王宁．从节俭主义到消费主义转型的文化逻辑[J]．兰州大学学报（社会科学版），2010，38（03）：14–22．

以外的收入，改善自己和家人的生活，如果有好的机遇甚至可以移居到城市，所以对他们来说不管是从哪一个方面考虑都有利于获得更好的生活机会，换句话说“留城”和“返乡”都是可以接受的选择。如前所述，新生代农村流动人口对“城市梦”有无限憧憬，但实际情况是不可能所有人口都完全城市化，有相当多的人口仍然将会在农村生产生活。新时代农民工如果“既不能融入城市社会，又难以回归农村社会，只能长期地在外流动，不仅表现在居住地上的‘居无定所’，即哪里有工作，哪里有钱可赚，就跑到哪里，过着‘吉卜赛’式的生活，而且也表现为职业上的‘不稳定性’，随时有可能失业，失业对他们来说意味着失去基本的生存保障，因为国家没有为他们构建起一个安全的生存保障体系（特别是失业保障体系），他们会沦落为游民”①。“问题民工”就可能出现，不仅其本人面临种种生活的问题，而且也成为阻碍社会健康发展的因素。这个问题的解决是一个系统工程，从思想政治教育视野看，农民思想政治教育需要思维转换，即要培养新生代市民与培养新型职业农民兼备。一方面要加强对新生代农民工的社会融入和社会适应的教育。通过社会融入和社会适应教育促进新生代农民工更好地融入工作所在地，更好地适应城市的生活方式，更好地确立起现代思想道德观念和精神风貌。另一方面要加强中华民族伟大复兴和乡村振兴的理想信念的教育。通过教育努力让他们正确认识中华民族伟大复兴与乡村振兴的关系，确立起乡村振兴的可预期的光明前景，确立起对故土、故乡和故人的情感联系，确立起乡村振兴的使命感，从而实现从新生代农民工到新型职业农民的角色转换。总之，通过教育让新生代农民工确立起更加辩证的观念，让他们从农村与城市的两难困境中走出来，看到城市与农村之间的两栖优势并且愿意努力为之奋斗。

第二，思想道德教育。如前所述，新生代农民工在个人与他人、物质与精神等方面多多少少存在值得关注的问题。这些现象是社会发展中出现的问题，随着我国社会主义现代化的稳步发展，绝大多数农民都可以在城市体面生活的时候，现代性表现出来的物化、异化等问题将可能更好地得到解决。但也不是等待某个“终极时刻”的到来，然后一切矛盾得到解决，相反，我们要更坚定推动社会主义物质文明和精神文明协同发展。具体来看，重点需要注意如下方面：一是幸福

① 王春光．新生代农村流动人口的社会认同与城乡融合的关系[J]．社会学研究，2001（03）：63–76．

观教育。幸福是终极而自足的，每个人都追求幸福。人的幸福有“俗福”和“雅福”，人的幸福感既可以来自物质生活方面的满足，也可以来自精神生活方面的满足，但是归根到底幸福是一种价值生活能力。“关于物质主义与个人幸福的研究，包括从消费者行为、心理学、经济学领域的研究发现，物质主义与积极情绪、幸福、自尊、自我实现、主观幸福感、生活质量及生活满意度呈负相关。”① 因此，要重视对新生代农民工进行物质与精神关系的教育，努力让他们更加辩证地理解物质与精神、得与失、荣与辱等人生矛盾。二是集体主义教育。集体主义是社会主义道德的基本原则。集体主义强调个人与集体是辩证统一的，强调集体利益高于个人利益，强调重视和保证个人正当利益。集体利益高于个人利益不是说个人在任何时候都需要为集体牺牲，而是说当个人利益与集体利益出现矛盾的时候倡导集体利益高于个人利益，而且还强调为集体做出牺牲的个人要得到必要的补偿。集体主义不是不重视个人利益，相反集体主义始终以促进个人福利的实现为根本目标。通过集体主义教育，努力让新生代农民工更加正确地看待个人与社会、个人与家庭、个人与他人等关系。

第三，劳动休闲观教育。很长时间以来存在异化劳动和异化休闲的问题。就是说，劳动对工人来说是外在的东西，也就是说，不属于他的本质；因此，他在自己的劳动中不是肯定自己，而是否定自己，不是感到幸福，而是感到不幸，不是自由地发挥自己的体力和智力。因此，工人只有在劳动之外才感到自在，而在劳动中则感到不自在。不仅劳动是异化的状态，而且休闲也是异化状态。“人（工人）只有在运用自己的动物机能——吃、喝、性行为，至多还有居住、修饰等等的时候，才觉得自己是自由活动，而在运用人的机能时，却觉得自己不过是动物。动物的东西成为人的东西，而人的东西成为动物的东西。”② 异化劳动和异化休闲不是存在于某一部分人身上，客观上造成所有人都被异化了，“有产阶级和无产阶级同是人的自我异化”③。因为人的想象、思维和精神交往总是人们物质行动的产物，所以社会生活中的异化劳动和异化休闲问题也就有了“劳动—休闲”二元

① （美）詹姆斯·A.罗伯茨．幸福为什么买不到[M]．田科武，译．北京：电子工业出版社，2013.

② 马克思，恩格斯．马克思恩格斯全集（第42卷）[M]．北京：人民出版社，1979.

③ 马克思，恩格斯．马克思恩格斯全集（第2卷）[M]．北京：人民出版社，1957.

对立的思维模式。认为劳动是痛苦的，是为了休闲不得不忍受的事情，休闲是快乐的，要快乐就不要劳动。

这在新生代农民工的身上是有体现的，比如不劳而获、好吃懒做、寻求感官刺激、热衷于低俗文化等。随着社会主义现代化建设的发展，关系本位现象将越来越少，能力本位对个人发展的作用越来越突出，劳动与发展的正相关日益鲜明。同时，休闲时间也将逐步增加，比如随着农业机械化快速推进，农忙时间相对缩短，田间劳作可能只有2～3个月，其余时间都是农闲。因此，如何看待劳动和休闲，如何看待劳动与休闲的辩证关系，确立健康合理的劳动休闲观成为新生代农民工思想政治教育的重要议题。

第五章　基于乡村振兴视角的新型农民培育

第一节　培育新型职业农民的工匠精神

一、概念释义

（一）新型职业农民的内涵和特点

古罗马学者奥古斯丁（Augustinus）感叹：如果不问“时间是什么？”我大概还知道“时间”是什么；但是真问我“时间是什么”时，倒不知道时间是什么了。农民的界定也是如此，《新帕尔格雷夫经济学大辞典》也有同样的慨叹：“很少有哪个名词像‘农民’这样给农村社会学家、人类学家和经济学家造成这么多困难。”[①]如果真要给农民做一个具体的界定也是困难的。有学者认为，总结起来农民主要有如下四个维度的含义：第一，职业。比如古代有“士农工商”的“四民”之说，即士民、农民、工民、商民。农民是作为一种职业而出现的，现代农民也有职业的含义。第二，阶层。比如，我国宪法明确规定：“社会主义的建设事业必须依靠工人、农民和知识分子”“中华人民共和国是工人阶级领导的、以工农联盟为基础的人民民主专政的社会主义国家”。农民阶级和工人阶级一样，是地主阶级、资产阶级相对应的阶级。第三，群体。他们过着“日出而作，日入而息”的田园生活，这样的生产生活方式也形成了小农意识，乡下人、乡巴佬等成为农民的标签。第四，身份。以1958年《中华人民共和国户口登记条例》的颁布为标志，形成了农业户口与非农户口的“二元结构”的户籍管理体制，户口成为界定农民的社会标准，“农业户口”便成为农民的身份标签[②]。通过理论框架对农民

① Eatwell, John.The New Palgrave: A Dictionay of Economics[M].London: The MacmillanPress Ltd, 1987.
② 高建民．中国农民概念及其分层研究[J].河北师范大学学报，2008（04）：46-49.

进行分析无疑是必要的，有利于我们更好更完整地把握农民的内涵和外延，但是如果仅仅局限于词源等抽象层面的把握，不仅容易陷入概念的丛林，而且也容易忽视了事物本身的鲜活性。

农民一词在不同的语境中所指是不同的，我们要准确把握新型职业农民的内涵和外延就要将农民嵌入具体的历史情境。正如列宁在《论国家》一文所指出："在社会科学问题上有一种最可靠的方法，它是真正养成正确分析这个问题的本领而不致淹没在一大堆细节或大量争执意见之中所必需的，对于用科学眼光分析这个问题来说是最重要的，那就是不要忘记基本的历史联系，考察每个问题都要看某种现象在历史上怎样产生、在发展中经过了哪些主要阶段，并根据它的这种发展去考察这一事物现在是怎样的。"[①] 对新型职业农民的内涵界定也需要联系新型职业农民概念提出的语境来考察其内涵。从中华人民共和国成立以来相关政策文件来看，基于不同的特定社会背景经历了农民、职业农民、新型农民和新型职业农民的发展变化（见表 5–1–1）。

表 5-1-1　新型职业农民概念的演变

概念	标志出处	提出背景	备注
农民	1958 年 1 月，《中华人民共和国户口管理条例》	基于户籍管理体制的改革	即"传统农民"或"身份农民"
职业农民	2005 年年底，《关于实施农村实用人才培养百万中专生计划的意见》	推进农业产业化、农业专业化进程	相似称谓为"专业农民"
新型农民	2006 年中央一号文件《关于推进社会主义新农村建设若干问题的建议》	基于新农村建设、城镇化建设	早在 1997 年的"跨世纪青年农民科技培训工程"的批示中 和党的十六届五中全会上出现过新型农民这一概念。之后，《中共中央国务院关于积极发展现代农业扎实推进社会主义新农村建设的若干意见》、十七大报告、《关于加快发展面向农村的职业教育的意见》等政策文件提及了 新型农民及其培育问题。

① 列宁 . 列宁选集（第 4 卷）[M]. 北京：人民出版社，2012.

续表

概念	标志出处	提出背景	备注
新型职业农民	2012年中央一号文件《关于加快推进农业科技创新持续增强农产品供给保障能力的若干意见》	基于“四化”同步发展	《新型职业农民培育试点工作方案》《新型职业农民培育试点工作的指导意见》“十三五”规划纲要、2013—2018年“中央一号文件”《“十三五”全国新型职业农民培育发展规划》等相关重要文件的出台，标志着新型职业农民这一称谓趋向稳定。

值得注意的是：“就今天的中国农民而言，他们不是一个职业概念，我们很难具体说明所谓‘农民’都包含多少种职业群体，有所谓‘农民企业家’‘农民工’，甚至有‘农民作家’‘农民发明家’，当然也有所谓真正意义的农民，即‘作为职业的农民’，还有‘失地农民’，还有一种是非农民、非居民的‘假市民，真农民’。”① 把握好当代中国农民的含义是复杂的，需要具体问题具体分析。这是我国农民这个概念的实然状态，农民、职业农民、新型农民和新型职业农民政策发展路径是一种应然状态，新型职业农民是我国社会主义现代化的发展方向。

农业部关于印发《“十三五”全国新型职业农民培育发展规划》的通知中指出，新型职业农民是以农业为职业、拥有专业技能、能够实现相对高水平的农业生产和经营、主要依靠农业获得收入的人，被称为新型职业农民②。习近平总书记早在2013年的中央农村工作会议上就明确提出要提高农民素质，培养造就新型农民队伍，把培养青年农民纳入国家实用人才培养计划确保农业后继有人。

在2017年的全国两会期间，习近平总书记在参加四川代表团审议时强调，要“优化农业产业体系、生产体系、经营体系，形成农业农村改革综合效应，推进城乡发展一体化，就地培养更多爱农业、懂技术、善经营的新型职业农民”③。结合上述的内容，我们可以从以下几个方面理解新型职业农民的内涵。

第一，新型职业农民强调由身份型向职业型转换。在当代中国，农村不仅是

---

① 赵树凯．农民的政治[M]．北京：商务印书馆，2018．

② 《“十三五”全国新型职业农民培育发展规划》全文[EB/OL].(2017-03-08)[2023.05.22].https://www.sohu.com/a/284544376_750320

③ 习近平到四川代表团参加审议[EB/OL].(2018-12-06)[2023.05.22].https://news.cri.cn/chinanews/20170308/ed0de86e-199d-a74c-aba5-480ec6d57b6c.html

一个地域概念，而且是一个政治概念。农民不仅是一种职业身份，而且是一种政策身份。身份是一种户籍上的概念，“农业户口”是农民的标签，人们往往将具有农村户籍的人称为农民，与之对应享有相应的权利和义务。如果说身份型农民如《农民的终结》里所言“在一个受传统支配的乡村和社会里，人们甚至会怀疑个人选择的存在”①一样，是被动的选择，那么，职业型农民不仅“身份决定饭碗”的生存逻辑被打破，而且告别了被动“世袭”的问题，是主体发挥主观能动性的自主选择。农民是和教师、律师、医生等一样的社会分工，农民从身份型向职业型转换本质上是权利义务的无差别化，淡化由于户籍形成的权利义务的区别，突出农民是在乡村从事农业生产工作的劳动者。因为户籍登记的管理功能需要优化，“农业户口”下的宅基地等仍然是重要的基本保障，城乡融合发展也是逐步发展的过程，因此从身份型向职业型的转换不是一蹴而就的，而是一个过程。

第二，新型职业农民是专职化的农民。这意味着专职做农业生产经营活动的相关工作，不是兼职从事农业生产活动的兼业农民。兼业农民主要从事农业以外的工作，保留作为农民的土地等基本权利，进行基本的农业生产满足自身需要或者甚至不从事农业生产，只是把农村、农业作为自己生活的保底或者退路。兼业农民若持有“满足自己需要”“保底”的心态自然不会重视农业基础设施建设，也不会重视农业生产效率的不断提高。因此，专职化从事农业生产活动的农民是新型职业农民的重要内涵。通过培养一大批专职从事农业生产活动的农民，既解决“谁来种地”的问题，也为不断提高农业生产效率、促进农业现代化奠定了基础。

第三，新型职业农民是具有专业化水平的农民。弗兰克·艾利斯曾经对农民进行过分类，将农民分为经验型与利润型。如果按照经验型和利润型的分析框架，经验型农民可以不需任何的专业性教育，新型职业农民不是简单依靠经验进行农业生产活动的维持自己和家人生计的劳动者，而是有知识技能、有较高专业水平的高素质劳动者。因为只有较高的专业技能水平，才可能在农业生产经营活动中有更高的生产效率，从而在市场活动中得到较高的利润。因此，新型职业农民不仅要爱农业，而且一定要懂技术、会经营。

第四，新型职业农民是现代化的农民。专职化、专业化是横向角度理解新型

① （法）H. 孟德拉斯．农民的终结[M]．李培林，译．北京：社会科学文献出版社，1984.

职业农民的特质，现代化则是从纵向的角度理解新型职业农民的特质。新型职业农民体现为从传统向现代的转变。与传统小农意识不同，新型职业农民体现在知识、情感和能力以及工作生活方式的现代化；与传统农民自给自足不同，新型职业农民是社会主义市场经济的活动主体；与传统小农经济规模分散的特点不同，新型职业农民从事的农业生产活动具有一定的规模。

（二）工匠精神的内涵

2016年国务院政府工作报告首次写入工匠精神一词，但目前，我国尚未对“工匠精神”所包含的内在含义做出明确而精准的定义。学界当前普遍认为工匠精神是社会发展进步的结晶，对国家和地区的经济社会发展具有重要意义，它不仅仅是传统手工业中手艺人的专属品质，更渗透到各行各业的劳动实践活动中。在现代社会中，工匠精神的价值和意义更加凸显。它不仅对个人的职业发展和成就产生影响，更对整个社会的发展和进步起到重要推动作用。因此，我们应该积极培养和弘扬工匠精神，让它在各个行业和领域都得到体现和发展，为建设创新型国家和美好社会贡献力量。只有通过传承和发扬工匠精神，我们才能实现个人价值的提升和社会全面进步的目标。

针对“工匠精神”所包含的具体内涵，李皓和向玉乔认为，现代意义上的“匠人”与传统意义上诸如木匠、铁匠、石匠等手工艺人是不一样的，其内涵更广阔，包括各行各业劳动实践活动中的劳动者，这些劳动者都具备勤劳、认真、专注、创新、追求卓越的精神品质，工匠精神能够体现出劳动者对劳动实践活动目的、动机、过程和结果负责任的态度和精神理念[①]。在李宏伟和别应龙的相关论述研究中，工匠精神被赋予了尊师重教的师道精神、一丝不苟的制造精神、求富立德的创业精神、精益求精的创造精神以及知行合一的实践精神等五种时代内涵，从而使工匠重新成为当今社会所崇尚的一类特殊群体[②]。在徐兴旺的论述中，我们可以发现他将工匠精神的内核划分为了三个方面，分别是：在思想上，要具有对工作的热爱和无私奉献的精神；在行为方面，要不断地开拓创新，专注于自己的领域；

① 李皓，向玉乔．工匠精神：劳动实践的内在逻辑和价值引领[J]．思想政治教育研究，2018，34（05）：129–132.

② 李宏伟，别应龙．工匠精神的历史传承与当代培育[J]．自然辩证法研究，2015，31（08）：54–59.

在价值取向上，要做到“以人为本”和“以物为本”的统一，力求达到最高的境界①。综上所述，我们可以认为工匠精神是指那些具备一定工艺专业技能的工匠，他们在追求卓越，踏实专注地完成整个生产过程中所表现出的精神。这种精神品质包括精益求精、创新、责任感和专业技能等方面。工匠精神的核心是对工作的热爱和专注，以及对工艺的追求和不断提升的精神态度。工匠精神在现代社会中具有重要价值，不仅推动着技术创新和产品质量的提升，也承载着对传统工艺的传承和发展。因此，我们应该重视培育和弘扬工匠精神，以促进经济社会的可持续发展和进步。

二、工匠精神与新型职业农民培育

2016年，工匠精神被首次写入政府工作报告——“培育精益求精的工匠精神”。工匠精神的核心和重点是“精益求精”的精神，但工匠精神具有丰富的内涵，是高度认同、敬业乐业的精神，专注专一、全情投入的精神，精益求精、追求卓越的精神的统一。工匠精神产生于手工业时代，但是作为一种劳动者的素质要求和精神追求具有超越时空的恒久性和普遍性。工匠精神不会因为具体社会历史条件的改变而过时；工匠精神也不仅仅局限于手工业等某一个行业，而是逐渐延展到各行各业并成为各行各业倡导的一种精神。工匠精神是技能型人才的核心职业素养，是培育新型职业农民的重要要求。

第一，工匠精神是新型职业农民的应有之义。职业具有多层次的内涵，至少有如下三个维度：首先，职业追求物质利益。马克思指出：“全部人类历史的第一个前提无疑是有生命的个人的存在。因此，第一个需要确认的事实就是这些个人的肉体组织以及由此产生的个人对其他自然的关系……任何历史记载都应当从这些自然基础以及它们在历史进程中由于人们的活动而发生的变更出发。”②因为历史的第一前提是有生命的个体的存在，人总是从利益出发的，只有一定的利益才能够生活，才能够创造历史。人们所从事的各种职业，首先都是为了满足人类的种种基本需要为目的。其次，职业又是精神追求。如果职业成为主体从事的事业，

① 徐兴旺．创新创业教育视角下高职学生工匠精神培育[J]．中国职业技术教育，2017（22）：67—70+74．

② 马克思，恩格斯．马克思恩格斯选集（第1卷）[M]．北京：人民出版社，2012．

那么不仅体验工作的愉悦，而且彰显人生价值。相反，如果只是为了谋生，那么职业生活是枯燥的。“两眼一睁，忙到熄灯；回头一看，啥也没干”“当一天和尚，撞一天钟”等的表述大略是这种职业状态的表达。马克思曾说：“我们的使命绝不是求得一个最足以炫耀的职业，因为它不是那种使我们长期从事而始终不会感到厌倦、始终不会松动、始终不会情绪低落的职业，相反，我们很快就会觉得，我们的愿望没有得到满足，我们的理想没有实现，我们就将怨天尤人。……如果我们选择了最能为人类而工作的职业，那么，重担就不能把我们压倒，因为这是为大家作出的牺牲；那时我们所享受的就不是可怜的、有限的、自私的乐趣，我们的幸福将属于千百万人，我们的事业将悄然无声地存在下去，但是它会永远发挥作用，而面对我们的骨灰，高尚的人们将洒下热泪。”[①] 职业不仅是谋生的一种手段，职业也是成就自我的一个平台。从这个意义上说，职业也是每一个个体从事的事业。第三，职业还蕴含道德要求。职业道德是一定职业的人在职业生活中应当遵循的具有职业特征的道德要求和行为规范。杜威曾说过这样一个案例：“如果你在报纸上看看聘用雇员的招聘广告并做统计调查，把要求特定技能的人员数量与要求主动性、人格、正直和勤劳的人员数量进行对比，你将发现，从招聘工作人员的雇主的立场看，毕竟是人的一些个性品质而不是更有技术性的因素使他更加称职。”职业能力是重要的，但是职业道德同样不可或缺，甚至职业道德更为重要。

新型职业农民的重要转变是由“身份”向“职业”的转变。新型职业农民不是“世袭”的身份，而是自主选择的职业，这种转变强化了新型职业农民与工匠精神相互依存的关系。如前所述，新型职业农民不同于兼业农民，具有专职性，其收入就是从事农业生产活动的收入。工匠精神将更有利于达成谋生的目的，因此农业生产谋生属性的不可替代性强化了工匠精神的需求。新型职业农民的职业不是被动选择，而是主动选择。作为主动选择，新型职业农民不仅擅长农业生产，而且热爱农业生产。换句话说，农业生产之于新型职业农民不仅具有功利性的外在价值，更具有目的性的内在价值。工匠精神将使新型职业农民更好地享有职业的审美体验。职业的道德属性也要求新型职业农民有工匠精神，因为工匠精神本身就是一种职业道德。

① 马克思，恩格斯．马克思恩格斯全集（第1卷）[M]．北京：人民出版社，1995.

第二，工匠精神有利于使新型职业农民的农业生产符合时代要求。千百年来人类不断追求美好的生活。我国社会主义建设初期，面对西方资本主义强国的封锁和挑衅，存在意识形态对立和隔离；面对落后的社会主义生产水平，需要大规模的社会经济建设。但是，当国家独立和富强的理想初步实现之后，社会主义现代化建设就需要由“生产”转换为“生活”。经济建设是为人民享有美好生活服务的，而不是为了发展而发展。也就是说，由意识形态的对立向构建人类命运共同体实现共赢发展转变，由注重经济总量、经济指标到注重人民生活质量、人民的获得感，由注重满足物质利益到注重精神文化全面发展提升的转变。努力实现人民对美好生活的向往意味着中国特色社会主义建设重心的转变，新时代中国特色社会主义将越来越强调“生活化”的发展。

经过几代人的努力，尤其经过改革开放40年的发展，我国的经济社会生活发生了翻天覆地的变化，生产力、综合国力、人民生活水平实现了历史性跨越，人民享有越来越好的生活。在党的十九大上，习近平总书记指出：中国特色社会主义进入新时代，我国社会主要矛盾已经转化为人民日益增长的美好生活需要和不平衡不充分的发展之间的矛盾。我国社会主要矛盾的转化意味着美好生活正由理想逐步转变为现实，我们已经踏进了美好生活的门槛。我国社会主要矛盾的转化意味着美好生活将在伟大实践中丰富，人民美好生活将不断向纵深展开和跃升。这是享有美好生活的新时代、丰富美好生活的新时代。一方面，在新时代我们将从相对单一的农副产品向“更加全面”的美好生活拓展。另一方面，在新时代我们将从相对基本的保障向“更加高级”的美好生活跃升。新时代中国特色社会主义的人民美好生活是更加多样的、全面的、个性的和更高水平的美好生活，需要更加健康、个性化、优质的农副产品。随着经济社会不断发展，我国14亿人民过上美好生活的新期待日益上升，提高社会发展水平、改善人民生活、增强人民健康素质对科技创新提出了更高要求。

爱岗敬业、全情投入、精益求精的工匠精神将有利于新型职业农民更好地符合新时代人民对美好生活的需要。新型职业农民扎根黄土地，践行职业道德，培养职业能力和职业品质，照顾好每寸土地、树立起农业品牌、生产出优质农产品，不仅满足人们的美好生活需要，而且促进城乡融合发展。这是改革发展成果更多更公平惠及全体人民，朝着实现全体人民共同富裕的目标稳步迈进的长期过程。

这个过程要贯彻党的基本理论、基本路线和基本方略，涉及政治、经济、文化等方方面面内容，需要全体人民一件事情接着一件事情办，一年接着一年干。

第三，工匠精神是破解新型职业农民培育瓶颈的重要因素。现代农民应当享有特定权利与声望。首先，随着经济与工业化的快速发展，农业在现代产业结构中的比重逐步下降，与此同时，农民的地位也有边缘化的倾向。在我国，“经历了从中华人民共和国成立初期的‘以农补工’到新世纪以来开始破解城乡二元体制的‘以工补农’两个主要阶段；无论是‘以农补工’还是‘以工补农’，均是中国共产党在历史、经济、社会等各种因素综合制约下的理性选择，与世界其他同类国家经济社会演变有相同规律，也反映了中华人民共和国社会经济发展之要求”①。在社会主义现代化建设初期，面对一穷二白、千疮百孔的局面，需要采取“以农补工”到“以工补农”的发展策略，但是也造成了农村、农民和农业问题的发展比较缓慢，赋予农民的权利和地位与其他人群不同。其次，由于特定的文化传统和生活行为方式，也加深了农民“乡巴佬”的刻板印象。亚当·斯密在《国富论》中写道：“人们天赋才能的差异，事实上并没有我们感觉得那么大。人们在壮年时在不同职业中所表现出来的极不相同的才能，在大多数场合，与其说是分工的原因，倒不如说是分工的结果。例如，性格极不相同的人，一个是哲学家。一个是街上的挑夫。他们之间的差异，看来是因为习惯、风俗与教育，而不是因为起因于天性……在七八岁之前，彼此的天性极其相似，大约在这个年龄或者此后不久，他们从事极不相同的职业，于是他们的才能渐渐显现出来，往后逐渐增大。”② 不管是农民的实际地位，还是对农民的刻板印象，都是新型职业农民培育的重要瓶颈。

从这个意义讲，新型职业农民培育是一个动态发展的过程，不仅需要实现城乡融合发展，而且需要逐步改变农民、农业、农村的形象。工匠精神是改变这种情况的一个重要推动因素。工匠精神有利于造就一大批农业生产的“状元”。一方面，做到“人无我有，人有我优”，推动农业产业化水平，促进城乡有差别但无等级的融合发展；另一方面，“三百六十行，行行出状元”，提高农民 - 的社会地位，消除大众对农民身份的偏见。

① 辛逸，高洁．从“以农补工”到“以工补农”——新中国城乡二元体制述论[J]．中共党史研究，2009（09）：15-24．

② （英）亚当·斯密．国富论[M]．郭大力，王亚南，译．北京：商务印书馆，2019．

三、乡村振兴视域下新型职业农民工匠精神的时代意蕴

（一）新时代乡村振兴战略的必然选择

乡村振兴战略是实现中华民族伟大复兴历史使命的重要战略。实现城乡协调发展是乡村振兴的核心，而农村广袤的土地则是实现城乡协调发展的重要一环，是新时代中国梦的基石。农业是我国经济建设最基础的产业之一，而职业农民群体是农业领域最具竞争力和关键性的力量。因此，在当前培育具有现代生产技能的新型职业农民，对推动我国实现乡村振兴战略具有重大而深远的意义。职业农民作为农业生产经营的主体，承担着农村经济发展和改善农民生活的责任，他们在农田间耕耘，用汗水浇灌着乡村的希望。职业农民不仅是生产技术的提供者，更是推动农产品市场化的推手和农业产业化专业化水平提高的积极推动者。农业劳模和农业工匠们以其独特的匠心和职业精神，通过精湛的技艺和创新思维，让农产品更好地走向市场，提升农产品的附加值，推动农业产业链的升级和农业现代化的进步。

当前，随着现代科技和现代工业对农业的赋能，农业机械化、信息化和产业化已经深刻影响着农村的发展格局。这对培养高素质、高水平的新型职业农民提出了更高的要求。也正因此，农业工匠精神在此背景下愈发重要，农业工匠精神体现了对工作的专注，以及精益求精的态度，这就要求农民需要不断追求卓越，细致入微地进行测土配方施肥、科学配比畜牧饲料等工作，以确保农产品的品质和农田的可持续利用。工匠精神还要求农民在不断学习和创新中，适应时代的发展需求。只有将工匠精神深深融入农业生产的各个环节中，才能推动乡村振兴战略的实现。

推动乡村振兴，从根本上说，就是要培养一支富有职业素养、专业技能和创新能力的农民队伍，弘扬工匠精神。因此，就需要为农民提供更广阔的学习和成长空间，注重农业教育和培训，提升他们的专业知识和技术水平。同时，要推动农村产业结构调整，鼓励农民发展适应市场需求的新产业，提供更多的就业机会和增收途径。还要加大对农村基础设施建设的投入，提供良好的农业生产环境和条件。

（二）农业供给侧结构性改革的内在要求

农业供给侧结构性改革是实现农业高质量发展的重要举措，它的核心在于促进市场环境中高品质农产品的供需对接。当前，随着时代的进步，人们对农产品质量和食品安全日益关注，推动农产品质量和食品安全水平达到实际需求，成为农业供给侧结构性改革的重要任务。这也同时激发了新型职业农民培养工匠精神的热情，使他们更愿意通过研究技术、改进种植和养殖方法等方式，不断提升农产品的品质和附加值。为了实现这一目标，政府需要通过制定支持政策，提供技术培训和资金支持，激励农民积极参与农业供给侧结构性改革。同时，社会力量的参与也十分重要。农业产业链中的各个环节，包括种植、养殖、加工、运输和销售等都需要协同合作，形成一个良性循环。推进农业现代化是促进供给侧结构性改革的有效措施。通过推广现代农业技术和设备，农民可以提高生产效率，减少资源浪费，降低生产成本，从而提供更多高品质农产品。农业工匠的精神和科技创新的结合，能够推动农业模式的转变。此外，构建完善的农业产业链布局也是重要的一环。从土壤调理、种子选育、养殖管理到产品加工和销售，各个环节都需要紧密合作，形成高效运作的产业链。

农业现代化的推进离不开新型职业农民的积极参与，他们是农业供给侧结构性改革的重要力量，为农业现代化注入新的活力。新型职业农民并不是微不足道的，他们是社会主义事业建设中不可或缺的一部分，为国家现代化的建设奠定了坚实的基础。农业供给侧结构性改革的目标在于平衡农产品供需关系，解决供过于求和供给不足等问题，提高农产品的品质和食品安全水平。农业的与科技融合发展的模式，不仅为高品质农产品的生产打下基础，也为新型职业农民提供了发展机遇。

（三）农民创新脱贫增收方式的助推器

随着我国经济总量的不断攀升，我国社会总体消费水平也在不断提高，这使得农产品市场需求越来越多样化，越来越个性化，传统农业生产已经无法满足这种多样化需求和深加工后衍生产品的市场空间。因此，农业发展急需完成转型升级，采用精细化的生产模式，以适应市场变化和挑战。而培育新型职业农民成为推动农业发展方式转变和实现乡村振兴战略的关键举措之一。在新时代下，新型职业农民需要具备高度耐心和严谨的专业精神，不仅要解决“如何种好地”，更要解决“如何打造好品牌”的一系列问题，以提高降低或抵御各种风险的能力，增强农产品的市场稳定性。同时，随着农业信息化的普及，新型职业农民可以利用现代信息技术，获得更多的农产品质量安全信息，提升消费者对农产品的信任和认可度。农业信息化也为新型职业农民提供了一个广阔的平台，农民可以通过互联网和电商渠道，直接面向消费者进行销售，提高农产品的市场竞争力。

在当今社会，农业作为国民经济的基础组成部分，其发展对于国家和农民的利益都具有重要意义。然而，长期以来，农民的收益与投入呈现不平衡的状态，农产品的销售也一直困扰着广大的农民。近年来，“工匠精神”为农民注入了新的活力。这种“工匠精神”要求农民要具备“匠心、匠技、匠魂”，具备从事农业所必需的热情和专注。通过培养这种精神，新型职业农民逐渐形成了自己独特的经营理念和方法，他们寻求创新的销售途径，依托互联网技术，打破了传统的销售模式，直接将农产品推向市场。通过直接面向市场销售，新型职业农民不再受制于上游的收购方，它们能够获得更为合理的收益。这种创新的销售方式不仅有助于提升农民的收入水平，还推动了农产品的质量的提升，使得新型职业农民更加注重产品质量和品牌形象，借助技术手段和市场营销策略，打造出一系列农产品精品。举个例子，以“褚橙”“小罐茶”等为代表的农产品精品，正是新型职业农民以工匠精神树立起的农业品牌意识的具体体现。这些产品在市场上备受青睐，不仅获得了消费者的认可，也为农民带来了丰厚的经济收益，更为农村经济的发展注入了新的动力。农产品精品的诞生，推动了农业的转型升级，为农民提供了更多创新创业的机会，助力农民走上致富的道路。

（四）新型职业农民培育的精神驱动器

传统的农民由于知识和技能的限制，往往只能依靠经验和天气的变化来进行农业生产，无法准确把握经济市场的需求。他们在农田中辛勤劳作，但收益却往往无法达到理想水平。为了解决这个问题，必须以人才振兴为动力，推动乡村振兴。因此，引入“职业化”的概念成了重要举措，为农民的发展提供了新的方向。在这一背景下，新型职业农民应运而生，并得到了越来越多国家的重视。他们不仅具备传统农民的农业基础知识和技能，也拥有更广泛的专业知识和营销技能，能够灵活运用现代科技手段，从互联网和电商平台等渠道直接面向市场销售农产品。

在新型职业农民的职业生涯中，工匠精神发挥着重要的作用。工匠精神蕴含着专业、精细、严谨、创新等价值观念，要求农民不仅要注重生产环节的精益求精，优化农产品的质量和效益，更要注重品牌建设和市场营销，提高农产品的科技含量和附加值。工匠精神的注入为新型职业农民树立了高质量农业发展意识，带动了农村经济的发展，促使农民实现创业致富的目标。

首先，新型职业农民应发扬工匠精神。农民通过不断汲取工匠精神的精髓，将其运用于自己的职业实践中，不仅提升了自身的竞争力和生活水平，也为农业现代化和农村振兴作出了积极贡献。以工匠精神形塑新型职业农民，将为农业产业的持续繁荣和乡村振兴提供强大的动力。

其次，农业“工匠精神”将促进新型职业农民的职业化发展。这种精神要求农民具有专业、严谨、创新的价值观念，因而促使新型职业农民在新时代中获得了更高的社会地位，并消除了公众对农民身份的偏见。通过将“工匠精神”融入新型职业农民的培养体系中，不仅能够优化农业人才的培养方案，也有助于确保职业农民的培养质量得到保障，这是对现代产业体系和现代化经营管理理念的继承与创新。

“工匠精神”不仅是对从事职业的认可和激励，更为加速乡村振兴和农业现代化注入了强大的动力。通过弘扬和传承“工匠精神”，新型职业农民能够以高尚的职业素养和创新思维应对农业发展的挑战。他们将掌握先进的农业技术，运用科学管理和营销策略，推动农业的现代化和产业的升级。同时，厚植工匠精神，也有助于培养和激发更多有志于农业事业的人才，进一步推动乡村振兴和农业现代化的进程。

四、乡村振兴视域下新型职业农民工匠精神培育的路径

（一）坚持以政策扶持人

为了更好地培养新型职业农民的工匠精神，需要国家制定相关政策文件对职业农民的等级评定、农业工匠的认证标准和科学选拔机制进行规范，这样的政策

可以更好地促进农民工匠精神的培养。同时，通过政策力量的引导，可以不断激发新型职业农民的工匠精神，引领他们将注意力集中于职业素养的养成和能力的提升。同时，为了促进农业工匠精神的发展，政策也应该对农业专利和科技成果转化提供法律保障，激发农民的创新精神。此外，还可以通过充分发挥现有农业工匠的典范示范作用，选拔具备工匠精神的农业能人，并加大政策扶持力度，来建立完善的农业工匠培训制度、激励机制和考核评价体系，使农业工匠成为培育新型职业农民的主力军。同样地，农业工匠还可以作为引领力量发挥劳动榜样和楷模作用，激发农业生产的活力，展现了时代的风貌。

为了消除社会对农民的误解，扭转职业农民的地位和形象，政策需要发挥引导舆论的作用。通过媒体和宣传渠道，改变公众对于农民缺乏文化和知识的固有偏见，打造新时代职业农民的专业化形象。这样的形象塑造可以提高农民在社会中的地位，激发更多人加入农业行业。市场也可以发挥拉动作用，通过提供市场机会和优惠政策，吸引更多人投身于农业领域。这样的举措有助于吸引更多有能力、有激情的年轻人成为新型职业农民，培育出更多优秀的农业人才。此外，要提升职业农民的地位，教育培训也非常关键。政府可以加大对职业农民的培训投入，提供专业知识和技能的学习机会，提高他们的文化素质和专业能力。这样的教育培训可以帮助农民不断提升自身素质，适应农业现代化的需求，并为其在农业领域走向成功铺平道路。

（二）呼吁以经济援人

职业分工是人类参与社会分工的主要方式，人们通过运用专业知识和技能为社会创造物质和精神财富，并通过获得合理的报酬来满足物质和精神需求。随着经济社会发展水平的提高，职业的定义也在逐渐演变，其不再仅仅是简单的谋生手段，更是一种具有内涵和审美价值的身份符号，即所谓的“工匠精神”。

在现代农业中，提供绿色、有机、无公害的农产品成为农业生产的目标，而农业精品的打造则需要职业农民的工匠精神。为了实现这一目标，政府可以通过农业贷款政策等经济援助与扶持方式，为农民提供物质保障基础，以实现他们“精益求精”的追求。同时，合理的劳动报酬和社会福利，也可以深化农民对自身职业的认同。为了确保新型职业农民在农产品市场波动中具备应对能力，政府和社会资本可以考虑整合资金，建立个人的“薪酬补贴体系”，并实施“梯度工资”机制。这种机制可以根据农民的努力程度和业绩表现，给予不同程度的薪酬激励，从而激发他们投入更多精力和热情在农业生产中。

（三）注重以文化树人

优秀的传统文化能够孕育出优秀的工匠精神，为了培养新型职业农民的开放自主和精益求精的职业态度，我们需要为职业农民打造一个优美的农村社区文化环境，形成一个促进职业农民学习的文化圈。这个文化圈通过各种潜移默化的方式将工匠精神融入新型职业农民的职业生涯中，使他们受到文化的熏陶。同时，在农村，我们也要面对一些农民为了追求短期的暴利而滥用化肥农药、使用激素的现象。这种行为不仅不利于农业的可持续发展，而且会对产品的品质和声誉造成破坏，与工匠精神背道而驰。因此，我们需要教育新型职业农民要树立正确的职业道德观，摒弃不正确的生产方式，注重遵循农业生产规律，不断追求农产品的高品质。在当下，我国社会经济发展进入了一个崭新阶段，传统文化也面临着巨大的冲击和挑战。因此，我们一方面需要运用工匠精神发掘和传承传统文化，使其与现代农业发展相结合，为新型职业农民提供思想引领和道德支撑。另一方面，我们也需要借助优秀的文化来培养职业道德，激励农民不断钻研和创新，生产出更高品质的农产品，以满足市场的需求。

（四）力求以教育塑人

农民需要内化“工匠精神”为自身的职业品质，循序渐进地达到追求卓越的境界。为了培养这种精神，教育应当致力于培养具备全面发展和创新能力的新型农民。在当前我国当今的背景下，加强对职业农民的培养和教育已经变得十分紧迫，因此需要重视人文教育这一环节。人文教育可以塑造职业农民的人文核心素养，同时也能够凝聚农业生产的匠心精神，培养新型职业农民的工匠精神，并树立他们终身学习和专业发展的意识。在课程设置中融入乡土知识和生活元素也是培养新型职业农民的重要举措，通过传授乡土素材，传递对家乡的热爱和对农村的向往，可以增强新型职业农民对乡村的归属感，使他们能够扎实地学习农业技能，并在人文氛围中培养出工匠精神。

工匠精神应贯穿农民职业生涯始终，并贯穿教育全过程，成为他们的不可或缺的精神支柱。教育与职业之间存在天然联系，但教育具有主导地位和基础性作用。在培养新型职业农民工匠精神的过程中，农村基层教育力量的作用至关重要，学历教育与非学历教育应有机结合，集中培育新型职业农民。政府、企业和学校需要多方合作，共同构建适合中国农村实际情况的新型职业农民培育体系。例如，山东省的部分地区就开设了社区教育学院，开设了蔬菜种植技术的课程。这类培训机构以服务当地经济发展为目标，培养高素质的农村实用人才，满足现代农业发展对新型职业农民的需求，培养农民的实践能力和创新能力，提升他们在现实农业中的竞争力。

第二节 增强农民的法治意识

一、法治意识

法治与法治意识是密切相连的。法治意识是法律运行的思想基础。法治需要有一套成熟完善的法律体系，但是只有法律体系并不能实现法治。法治是一种客观状态，同时法治也是一种主观状态和生活状态。“法律不只是一套规则，它是人们进行立法、裁判、执法和谈判的活动。它是分配权利与义务，并据以解决纷争、创造合作关系的活生生的程序。”[①] 法治在一定程度上奠基于信念，法治的重要要求是全体人民依据法律办事，因为法律所以能见成效，全靠民众的服从。同时，法治意识是法治实践的思想指南。卢梭说过：“一切法律之中最重要的法律，既不是铭刻在大理石上，也不是刻在铜表上，而是铭刻在公民的内心里，它形成了国家的真正宪法，它每天都在获得新的力量，当其他法律衰老或消亡的时候，它可以复活那些法律或代替那些法律，它可以保持一个民族的精神。”[②] 法治意识对于法治实践的内在驱动作用体现于立法、执法和守法的不同环节。

法治意识问题得到学者们的高度重视。哈罗德·伯尔曼（Harold Berman）的《法律与宗教》《法律与革命》等著作之中就涉及法治意识的相关内容，比如“法律如果不被信仰，他将形同虚设”等这样的“金句”被广泛使用。在社会主义国

① （美）伯尔曼．法律与宗教[M]．梁治平，译．北京：商务印书馆，2012．

② （法）卢梭．社会契约论[M]．何兆武，译．北京：商务印书馆，1980．

家法治意识问题也同样受到重视，比如卡列娃等在《苏维埃国家和法的基础》一书中认为："法律意识是社会意识的一种形式，它是一定阶级的法律观点的总和，而在人民道义上和政治上一致的条件下则是全体人民法律观点的总和。"[①] 在我国，法治意识的问题也主要是在"法律意识"的概念范畴内进行研究。1995 年黄稻主编的《社会主义法治意识》拉开了中国学者研究"法治意识"的序幕。本书对社会主义法治意识相关问题进行了分析，提出："社会主义法治意识是社会主义民主意识与法律意识在宏观上（以国家活动领域为主）交融整合的特殊的社会意识。"[②] 随着中国共产党第十五次全国代表大会确立了"依法治国"的基本方略，中国共产党在相关文件中对法治意识及其相关概念的运用经历了一系列的转变，从法律意识、法制观念到法治精神，再从法治精神到法治理念、法治观念，最终实现了法治意识的统一。在进一步发展中，中国共产党强调了法治理念和法治观念的重要性。法治理念强调了法治和社会主义核心价值观的结合，认为法治是社会主义核心价值观在社会生活中的具体体现。法治观念则强调法治意识的广泛普及和加强，通过法规制定、宣传教育等手段，推动法治意识在全社会范围内的深入落实，并最终实现了法治意识的统一，将法制观念、法治精神、法治理念和法治观念有机地结合了起来，进一步推动了中国法治建设的进程。党的十八届四中全会审议通过的《中共中央关于全面推进依法治国若干重大问题的决定》中提出："推动全社会树立法治意识。把全面普法和守法作为依法治国的长期基础性工作，深入开展法治宣传教育，引导全民自觉守法、遇事找法、解决问题靠法""把法治教育纳入国民教育体系，从青少年抓起，在中小学设立法治知识课程[③]。"法治意识可以从不同角度分析，本书结合农民法治教育的研究需要，试图从性质和构成角度作简要说明。

从性质角度看，法治意识之于主体不仅是手段也是目的。对此，有学者通过法治意识和法律意识的比较作了说明：

首先，在内容方面，法律意识和法治意识是公民的基本素养，对推动社会的

---

① （俄）卡列娃，费其金．苏维埃国家和法的基础[M]．中国人民大学编译室，译．北京：法律出版社，1955．

② 黄稻，刘海亮．社会主义法治意识[M]．北京：人民出版社，1995．

③ 本书编写组．十八大以来重要文献选编（中）[M]．北京：中共中央文献出版社，2011．

法治建设至关重要。法律意识是公民对法律规则的内化和观念化，表现为对法律的认可、遵从和评价。具备法律意识的公民在行为中严格按照法律指引约束自己，并要求他人也遵守法律。法治意识是公民对法治作为一种治国方略和社会治理状态的认同和信赖。它体现在公民对法治价值的认同、对法治功能的认可以及对法制原则和要求的遵守。法律意识是一个抽象概念，而法治意识则更具体化，是法律意识的升华和完善。具备法治意识的公民不仅遵守法律，更珍视和践行法律至上、程序正当、人权和权利保障、权力制约等法治原则。公民积极践行法治意识，有利于推进社会的公平正义和法治建设。要具备法律意识，公民必须严格遵循法律的指引。而要具备法治意识，则需要在遵守法律的同时，更加深入地理解和接受法治的理念和原则，并将其融入自己的行为和价值观中。

其次，在价值方面，法律意识是一个中立的概念，其核心在于区分恶法和良法，并对良法进行认同和遵守。然而，要注意的是，法治意识是与法律意识有所区别的，法治意识是一种价值导向的概念，强调建立良好的法治秩序。它需要公民具备守法、契约、理性、人本和程序等多方面的意识。因此，良法意识属于法治意识的一部分，因为公民对公正、合理法律的认同和遵守是法治观念的具体表现。

再次，在功能方面，与法律意识相比，法治意识是一个更加全面和积极的概念，它不仅包括法治观念，还包括法治行为，即公民在日常生活中依法行事的实际行为。法治意识是公民在法治观念层面上对法治的理解、接受和认同，是推动法治实践的必要元素。因此，培育公民的法治意识是实现依法治国的关键。这不仅包括培养恶法意识，还需要加强对公民法治意识的培养，让公民理解、接受和认同法治的价值和原则，在日常行为中依法行事。只有通过全面培养公民的法治意识，才能进一步推动法治建设，实现社会的稳定和公平。

最后，在社会历史条件方面，法律意识和法治意识的形成和发展与社会的历史条件密切相关。无论是哪个社会、哪个历史时期，公民都可能具备法律意识，然而，法治意识的形成需要随着现代社会文明的发展而逐步形成，以适应民主政治和市场经济的要求

从法治意识构成来看，法治意识是一系列意识的综合体。

从横向看，法治意识主要有：第一，规则意识。法治是以规则为基础的治理

方式，必须始终坚守法律的至高地位，内心如明镜般高悬，手中紧握着法律的戒尺。第二，程序意识。从一定程度上来说，法治就是程序之治，依法办事就是按程序办事。第三，人权意识。人权作为人类社会发展的普遍需求，是法治的核心价值。实现人权的尊重和保障是法治现代化的根本体现。在当前我国社会转型的时期，人权问题凸显，同样对于法治建设提出了更高的要求。然而，在推进全面依法治国的历史进程中，我们必须意识到仅仅建立法律框架是不够的，还需要培养人们的人权意识和人权思维。培养人们的人权意识和人权思维，意味着让每个人都理解并主动维护自己的人权，同时尊重他人的人权。这需要我们注重教育和宣传，提高人们对人权的认识和重视，使他们能够更好地理解和维护人权。第四，公正意识。法治的核心价值在于追求公平正义，公正是法治思维中不可或缺的重要元素。习近平总书记倡导的社会公平体系，强调的不仅仅是将公正视为法治的生命线，更重要的是以权利、机会和规则的公平为核心内容。在这个理念下，法治不仅仅是对人权的保障，更是为社会各界提供平等机会、公平竞争的制度保障。第五，理性精神。法律是解决争议和矛盾的理性实践，法治是以和平理性的方式解决社会矛盾的最佳途径。在中国特色社会主义法治理论体系中，理性的含义不仅仅指认知理性，更强调和平道德理性和价值理性的核心。法治的实现需要考虑真理和合理性，不仅要符合私人和个人理性，还要符合公理和公共理性，其中包括但不限于法律中的正义、平等、自由、人权和道德价值。

从纵向看，法治意识有不同的层面，是认知、价值和行动的统一。首先，在知识层面要学习法律知识。对法律知识有所了解，这是形成法治意识的重要基础。对法律知识一无所知的人，很难有良好的法治意识。法律知识既包括法律法规的具体条文方面的知识，也包括法律的基本原理、原则与价值等方面的知识。其次，价值层面要信仰法律。主体不仅处于被动守法的状态，还要有自觉守法的意识，更为重要的是要对法律常怀敬畏之心、常思敬重之情，表现为对法律尊崇与恪守的意识。“法律要发挥作用，需要全社会信仰法律。”[①] 法律的根基在于人民发自内心地拥护，法律的实施在于人民出自真诚的信仰。最后，法治意识还体现于法治实践中。意识从本身来讲与行动是不同的两个方面，但是法治实践是法治意识的客观标准。如果说一套、做一套并不能说真正具有了法治意识。不断提升法治意

① 习近平．十八大以来重要文献选编（上）[M]．北京：中央文献出版社，2014．

识的目的就是使全体人民都成为社会主义法治的忠实崇尚者、自觉遵守者、坚定捍卫者，使尊法、信法、守法、用法、护法成为全体人民的共同意识。

二、乡村振兴与农民法治意识的提升

提升农民的法治意识是实现乡村振兴战略的必要环节，只有这样，农民才能成为全面振兴乡村的主体，才能合理的保护自身地权利和权益。不仅如此，农民法治意识在农村法治化和构建和谐农村中也起着至关重要的作用。乡村振兴背景下，提高农民的法律素养需要加强对农民法治意识的培养。提升农民的法治意识不仅有助于培养农民自我发展的文化观念，还有助于推动农民法治意识与法治素养的互动提升。同时，提升农民的法治意识还能推进农村基层民主政治的良性运行，增强村民自治的合法性和有效性。通过提升农民的法治意识，可以实现农村经济的可持续发展，提高农民的生活品质，并推动现代化法治新农村的建设。因此，在乡村振兴的大背景下，提高农民的法治意识具有重要意义。

（一）乡村振兴的主体是农民

农民作为法治农村建设的主体，其法治意识的提升对于实现乡村振兴目标至关重要。农民在乡村振兴中扮演着关键角色。他们作为乡村的基本单位，了解乡村的需求，能够积极参与决策和实施过程，推动乡村振兴战略的落地。农民的法治意识对于维护自身权益和权利具有重要意义，能够使他们在合法权益受到侵害时及时寻求法律保护。

为了在推进乡村振兴战略中充分发挥农民的作用，必须根据农民的实际情况采用有效的方法进行引导，提升农民的主体价值和乡村振兴能力。这包括提供法律知识和教育，培养农民的法律意识和法治观念，加强农民组织建设，提高农民的自我管理和自治能力。同时，要注重培养农民的科学文化素养，提供科技支持和技能培训，提升农民的生产和管理水平。只有提升农民的主体价值观和乡村振兴能力，才能加强农民的法治意识，推动乡村可持续发展，实现乡村的全面振兴，实现乡村振兴的伟大目标。

（二）农民的乡村振兴能力离不开农民法治意识的提升

提升农民对法治的认知水平是新农村建设的重要组成部分，也是实现新农村建设的重要保障。当前，我国正处于经济飞速发展的大背景下，使得农村社会结构发生了深刻的变化，传统的小生产模式正在向现代化农业生产模式转变。但是，我国农村存在法律意识淡薄、缺乏有效监督和制约等问题，严重阻碍了社会主义新农村建设。为解决这些问题，需要全面提升农民的法治意识，激发他们参与乡村振兴建设的主动性和积极性，并让他们深刻感受到建设法治农村的益处。通过提高农民对法律的了解和遵守意识，增强他们对农村建设和为农村和谐发展作出贡献的意识，可以进一步激发农民的乡村振兴能力。

（三）农民法治意识提升能够助力乡村振兴发展

在农村的全面振兴过程中，农民的法治意识起着关键作用。只有通过不断提升农民的法治意识，才能推动农村法治化的进程，实现相互促进、相得益彰的良好局面。因此，当前社会主义新农村建设中，加强农民法律教育和法律意识培养被认为是至关重要的任务。当农民的法治观念得到提高后，他们会主动深入了解各项法律法规，并积极学习相关法律知识。这样的努力不仅有助于农民明确自身权利和责任，还能使他们更好地维护自身合法权益。为实现这一目标，国家应确保农民有机会参与到丰富多样的法律实践活动中去，通过各种方式增强他们的法律意识。只有当农民深刻体会到法治的好处之后，他们才能自觉地投身于构建新农村的农村法治化建设行动中，而农民的参与又将为乡村的法治振兴奠定坚实的基础，为乡村振兴战略的高效实施提供强有力的支持。

三、农民法治教育的历程

法治意识教育的内涵与外延有不同的理解，与之相关的概念有法治教育、法制教育、法学教育、法律教育、普法教育、法治宣传教育。不同时期随着实践的发展表述可能有所不同，比如 1985 年中共中央宣传部、司法部制定的“一五”普法规划完整表述为《关于向全体公民基本普及法律常识的五年规划》，1990 年发布的“二五”普法规划完整表述为《关于在公民中开展法制宣传教育的第二个五年规划》，前者为“普及法律常识”，后者为“法制宣传教育”。2016 年发布的“七五”普法规划《关于在公民中开展法治宣传教育的第七个五年规划（2016—2020）》中进一步发展了之前的表述，将“法制宣传教育”改为“法治宣传教育”。

简单起见，我们认为法治教育就是旨在全面推进依法治国，不断提升全体人民的法治意识和能力的活动。改革开放以来法治建设与法治教育是同向而行的。十一届三中全会深刻地总结了历史的经验和教训，特别是“文化大革命”时期的深刻教训，要发展社会主义民主、健全社会主义法治，因此加强法治教育被提上了日程。1986 年以来，实行每五年为一周期全国范围普法教育，我国已经先后进行了六次大规模的法制宣传教育，2016 年开始了“七五”普法教育。依据改革开放以来普法教育的历程和不同时期法治教育的主题，改革开放以来农民法治意识教育历程大略可以分为如下四个阶段。

（一）法治意识教育的复苏：确立宪法权威

十一届三中全会上明确了法制建设的重要性，指出：“为了保障人民民主，必须加强社会主义法制，使民主制度化、法律化，使这种制度和法律具有稳定性、连续性和极大的权威，做到有法可依，有法必依，执法必严，违法必究。”[①] 随着“十六字方针”的提出，全国人大相继颁布了一系列重要法律，其中包括《中华人民共和人民检察院组织法》《中华人民共和人民法院组织法》和《中华人民共和刑法》等。这些法律的颁布实施使我国的法制建设工作走上了一个新台阶，为依法治国奠定了坚实的基础。比如《关于坚决保证刑法、刑事诉讼法切实实施的指示》明确指出：“要运用各种宣传工具，采用生动活泼的方式，广泛、深入地对广大党员、干部和群众宣传法律，加强法制教育；对过去习惯使用的一切不符合‘两法’规定的办法应坚决改正。”1982 年 12 月 4 日，五届全国人大第五次会议通过了新修改的《中华人民共和宪法》，这是法制建设的一件大事。司法部之后在新宪法颁布实施一周年和两周年之际分别提出了深入宣传、集中宣传新宪法的要求。同时，改革开放也带来了一些新的问题，彭真曾说道：“一个时期以来，走私贩私、贪污受贿、投机诈骗、倒卖外汇和盗窃、盗卖公共财物等经济犯罪，是相当严重的……一些地方，偷盗人民群众的私人财产，比如在农村偷牛、偷驴、偷青等，在城市偷钱、偷各种日用品等，也相当突出。一家被偷，四邻不安。我们对于其中严重的经济犯罪，是一天也不应容忍的，必须严厉打击。”[②] 因此，针

① 本书编写组．十一届三中全会以来重要文献选读（上册）[M]．北京：人民出版社，1987.

② 彭真．彭真文选 [M]．北京：人民出版社，1991.

对社会经济领域出现和存在的问题，开展了严厉打击犯罪、维护社会治安的法制宣传。法治教育不是针对特定个别主体，“在党政机关、军队、企业、学校和全体人民中，都必须加强纪律教育和法治教育[①]”。这个时期农村也同步开展了业余法制学校和业余学法小组等法制宣传教育活动，真正使人人懂得法律，使越来越多的人不仅不犯法，而且能积极维护法律。

（二）法治意识教育的全面启动：法律知识普及

对于法治教育的重要性，邓小平明确指出：“我们国家缺少执法和守法的传统，从党的十一届三中全会以后就开始抓法制，没有法制不行。法制观念与人们的文化素质有关。现在这么多青年人犯罪，无法无天，没有顾忌，一个原因是文化素质太低。所以，加强法制重要的是要进行教育，根本问题是教育人。法制教育要从娃娃开始，小学、中学都要进行这个教育，社会上也要进行这个教育。”[②]1985 年 11 月 5 日，中共中央、国务院批转了中宣部、司法部《关于向全体公民基本普及法律常识的五年规划》，同年 11 月 22 日，第六届全国人民代表大会常务委员会第十三次会议作出，《关于在公民中基本普及法律常识的决议》，规定从 1986 年起，争取用 5 年左右时间在公民中基本普及法律常识，主要涉及《中华人民共和国宪法》《中华人民共和国民族区域自治法》《刑法》《刑事诉讼法》《中华人民共和国民法通则》《民事诉讼法（试行）》《婚姻法》《继承法》《经济合同法》《兵役法》《治安管理处罚条例》等与经济社会发展和公民权利义务密切相关的内容。“一五”普法期间，各地农村重视普法工作，通过普法解决问题的典型不断涌现。这阶段，全国 7 亿多人参加了普法学习，4 亿农民参加了学习并进行了考核考试[③]。“一五”普法规划完成后，“二五”普法规划调整了名称，把“基本普及法律常识”变为“法制宣传教育”，同时 1992 年成立了全国普及法律常识办公室。这表明法制教育不仅是对某一些法律法规的宣传普及，而且涉及法律知识、法制意识等全方位内容；法制教育不是临时的要求，而是建立稳定的长效机制。

---

① 邓小平．邓小平文选（第二卷）[M]．北京：人民出版社，1994.

② 邓小平．邓小平文选（第三卷）[M]．北京：人民出版社，1993.

③ 本书编辑部．中国法律年鉴 [M]．北京：中国法律年鉴出版社，1991.

（三）法治意识教育深入发展：依法治国基本方略

1996年至2000年的这段时间内，我国正处于“三五”普法周期，将普法教育视为社会主义民主和法制建设的基础性工作，并提出普法是全党和全国人民共同肩负的任务。在这段时间内，依法治国被确立为党领导人民治理国家的基本方略。1997年9月，党的十五大报告中明确提出：“发展民主必须同健全法制紧密结合，实行依法治国。依法治国，就是广大人民群众在党的领导下，依照宪法和法律规定，通过各种途径和形式管理国家事务，管理经济文化事业，管理社会事务，保证国家各项工作都依法进行，逐步实现社会主义民主的制度化、法律化，使这种制度和法律不因领导人的改变而改变，不因领导人看法和注意力的改变而改变。”①

2002年11月，党的十六大报告提出“到2010年形成中国特色社会主义法律体系”“加强法制宣传教育，提高全民法律素质”②等要求。在2004年3月14日第十届全国人民代表大会第二次会议上通过了对宪法第三十三条新增条款的决定，“国家尊重和保障人权”被写进了宪法。依法治国是包括立法、执法、司法、守法等的庞大的系统工程。法律的生命力在于实施，法律得不到实施就是一纸空文，只有在全社会形成学法、知法、守法、用法的良好风尚，才能为依法治国方略打下坚实的基础。因此，这个时期法治教育的议题不断拓展，要求也日益提高。改革开放以来的普法教育为依法治国的提出和落实奠定了良好的基础，同时依法治国基本方略的提出又对法治教育提出了新的更高的要求。对农村地区和农民的普法教育是普法工作的重点和难点，农村普法教育的实施情况将直接影响我国全民普法的效果，农民法律素质的高低在很大程度上决定了我国法治国家的建设速度。在“三五”普法中，各地都出现了针对农村普法的新举措，比如“送法下乡”与扶贫、支教活动相结合，与农民的生产生活相结合，来破解农村法治教育的难题。在“四五”普法期间进一步采取了更有效的措施推进法治教育。2001年4月26日，中共中央、国务院转发的《中央宣传部、司法部关于在公民中开展法制宣传教育的第四个五年规划》确定，将我国现行宪法实施日即12月4日，作为每年一次的全国法制宣传日。全国法制宣传日对于提升全民宪法观念和宪法意识、

① 中共中央文献研究室．十五大以来重要文献选编（上）[M]. 北京：人民出版社，2000.

② 中共中央文献研究室．十六大以来重要文献选编[M]. 北京：人民出版社，2005.

确保宪法正确贯彻实施、推进依法治国、建设社会主义法治国家等方面具有至关重要的作用。自 1985 年起，全国人大常委会已连续四次通过决议，呼吁开展全国范围内的普法教育活动。2006 年，党中央、国务院发布了《关于推进社会主义新农村建设的若干意见》，其中明确提出要加强农村法制建设，并深入推进农村普法教育。在中央的支持下，各地人大常委会高度重视普法工作，积极推动依法行政、公正司法，促进社会和谐稳定发展，取得了明显成效。

（四）法治意识教育新时代：全面依法治国

2011 年 3 月 14 日，十一届全国人大四次会议批准的全国人大常委会工作报告宣布：以宪法为统帅，以宪法相关法、民法商法等多个法律部门的法律为主干，由法律、行政法规、地方性法规等多个层次法律规范构成的中国特色社会主义法律体系已经形成。党的十八大报告指出，法治是治国理政的基本方式，要加快建设社会主义法治国家，全面推进依法治国。2014 年 10 月 23 日，党的第十八届四中全会审议通过了《中共中央关于全面推进依法治国若干重大问题的决定》（以下简称《决定》），《决定》提出将每年十二月四日定为国家宪法日，建立宪法宣誓制度，在全社会普遍开展宪法教育，弘扬宪法精神，增强宪法意识、树立宪法权威。

全面推进依法治国也为新时代法治教育提出新的要求。在“六五”普法规划中，农民被视为普法工作的重点关注对象。规划强调要深入推进农民法制宣传教育，加强乡村公共活动场所的法制宣传教育设施建设，以确保宣传教育能扎实有效的推进。要通过多种渠道对农民进行学法用法、守法用法的教育，同时加强农村“两委”干部的普法教育也是必不可少的，这将提升他们的法制素养和依法办事能力。不仅如此，还需要加强农民工的法律意识，提高他们遵守法律、表达诉求的能力，并将普法和法律服务有机结合。全民普法教育定位于“依法治国的长期基础性工作”，充分表明全民普法教育在中国法治建设中的重要地位和作用。同时，《决定》首次使用“法治教育”的概念，改变了 1980 年以来“法制教育”的提法。同时，“七五”普法规划》将之前使用的“法制宣传教育”改为“法治宣传教育”。党的十八届五中全会要求“弘扬社会主义法治精神，增强全社会特别是公职人员尊法学法守法用法观念，在全社会形成良好法治氛围和法治习惯”。2015 年 3 月，农业部印发《农业部关于贯彻党的十八届四中全会精神深入推进农业法治建设的意见》，也把加强农业普法教育宣传作为重要任务之一。2017年，党的十九大作出实施乡村振兴战略的重大决策部署，首次提出健全自治、法治、德治相结合的乡村治理体系。2018年2月，中央一号文件《中共中央国务院关于实施乡村振兴战略的意见》公布，明确提出了建设法治乡村的要求。这些都意味着农村普法教育与其他方面一样进入了中国特色社会主义新时代。

四、农民主体法治意识的培育现状

乡村振兴战略的核心是解决“三农”问题，这一论点在党的十九大报告中体现得非常明确，“三农”问题是全党必须面对的。乡村振兴战略的实施要确保党对农村工作的全面领导，将农业农村发展摆在优先位置，充分保障农民的主体地位，以此来全面推进乡村振兴，促进城乡融合发展，实现人与自然的和谐共生。而为了坚持农民的主体地位，全党首要任务是培养农民的法治意识，提高他们的综合素质。

（一）农民法治意识培养现状

伴随着社会经济的快速发展，人民生活水平的提高，法治意识培养内容更加丰富，农民主体的法治意识以及在法治社会中农民处理权益侵害问题时的行为取向，对于农村法治发展具有重要的意义。首先，农民主体的法治意识体现了他们的法律意识和法律观念，可以作为评价农村法治发展水平的重要标志。其次，是农民主体综合素质的重要表现。农民主体的法治意识和权益保护行为取向的提高，是通过多次大规模的普法活动实现的。自中华人民共和国成立以来，我国积极开展了广泛而深入的普法教育活动，并取得了显著的成效。

伴随着社会经济的快速发展，人民生活水平的提高，法治意识培养内容更加丰富并且不断更新，主要表现为农民主体的权利意识增强，方式由被动接受转变为主动参与；农村家庭联产承包责任制的推广以及社会主义市场经济的发展，对农民的法治观念产生了积极的影响。农民在这一过程中逐渐增强了对自由、平等、民主等法治相关理念的认同。他们开始更加重视自身权利的维护，尤其是财产所有权的维护。农民意识到只有维护好自己的权益，才能在法治社会中获得应有的保护。由于农民主体的权利意识增强，农民对司法手段的运用也变得更加积极。他们愿意通过司法途径来解决与财产权相关的纠纷。近年来，农村法院审理的涉及农民财产权的案件数量不断增加，农民会通过诉讼等方式，积极捍卫自己的合法权益，这表明了他们对法律的重视和法治意识的提高。农民逐渐成为法治建设的积极参与者，推动国家的法治化建设。我国农民主体法治意识的培育取得了显著成效，但不同地区之间的法治意识水平不平衡，尤其是东部沿海经济发达地区与中西部经济欠发达地区之间存在明显差异，中西部欠发达地区农民的法治意识相对薄弱。主要表现在以下方面。

1.“轻法”意识浓厚，对法律不信任

在偏远的农村地区，一些农民对法律持有不信任的态度。他们怀疑法院能否公正地解决问题，对法律的信任度较低。主要原因是他们认为法院不会为普通农民提供公正的判决。此外，由于离法院和法律援助地点较远，农民面临着交通费、误工费、诉讼费和律师费等经济负担的增加。这使得他们对寻求法律保护感到望而却步，更倾向于自行解决问题，或者寻求其他非法律途径解决。随着时间的推移，这种情况长期存在，容易使农民认为法律与他们无关，从而对法律持轻视和不信任态度。

2.“和为贵，讼为凶”传统观念根深蒂固

中国自古以来坚持崇尚和谐的价值观，很少有个人愿意通过诉讼解决矛盾纠纷。这种不愿意主要源于两方面原因：一是出于节约财力的考虑，二是担心将矛盾与法律、官司相联系，可能导致事态和人际关系失去可预测性。

3.行政权过大导致的“信访不信法”的现象

在我国中西部欠发达地区，农民主体法治意识的实践培育效果不理想。这一问题的主要原因可以归结为行政权的影响大，司法权的影响薄弱，以及农民长期受封建思想的影响。首先，行政权的影响大是农民主体法治意识培育效果不佳的重要原因之一。在这些地区，行政机关往往扮演着农民的政府代表的角色。由于行政权的强大，农民更倾向于通过行政机关信访解决问题，而不是通过法院提起诉讼。这种情况下，农民对法治的认识和参与意识难以得到有效培育和发展。其次，司法权的影响薄弱也是农民主体法治意识培育效果不佳的重要原因之一。在中西部欠发达地区，由于司法资源的匮乏和司法体系的不完善，农民对法律和法治的信任度偏低，许多农民不愿意通过法院解决问题，进一步削弱了他们的法治意识。此外，长期受封建思想的影响也是农民主体法治意识培育效果不佳的重要原因之一。在过去的历史中，中西部欠发达地区长期受到封建思想的影响，农民缺乏独立意识和法治观念。这种传统观念的束缚导致农民对法治的意识培育相对薄弱，更容易依赖行政权力解决问题。

要改变这种状况，需要找到约束性条件，突破农民参与法治意识培育的路径。还应加强社会组织和农民自治组织的建设，发挥农民在乡村振兴战略中的主动性和积极性，推动乡村的全面振兴。

（二）农民主体法治意识实践培育不理想的原因

不能只是通过培育的内容以及方式分析农民主体法治意识培育不理想的本质，更需要从历史客观发展、社会现实条件和实践层面进行分析，才能更好地解释其根本原因。

1. 历史传统之小农经济下小农思维

农民主体法治意识的形成发展受到多方面因素的影响。首先，小农经济历史是农民主体法治意识形成的重要背景。在小农经济时期，农民的生产方式主要以个体经营为主，缺乏统一的组织和规范，法治观念相对薄弱。这种小农经济模式的历史传承，使得农民在法治意识形成过程中面临一定的困难。其次，个人化的农业生产模式也对农民主体法治意识的形成发展产生了影响。个人化的农业生产模式注重个体的利益追求，缺乏整体的法治观念。农民在这种模式下，更注重自身的利益和权益，对法律的重要性和尊重程度相对较低。此外，统治阶级的影响也对农民主体法治意识的形成发展产生了一定的影响。在过去的统治体制下，农民的地位相对较低，缺乏参与决策和法律保障的机会。这导致了农民对法治的信任度不高，对法律的遵守程度也相对较低。最后，道德与法律的模糊区分也是影响农民主体法治意识形成的重要因素。在农村社会中，传统的价值观和道德规范对农民的行为有着重要的影响。然而，由于道德与法律的界限不清，农民在面对法律问题时常常将道德因素放在首位，导致对法律的尊重和遵守程度不高。

在乡村振兴战略下，农民的经济社会实践发生了变化，对农民主体法治意识提出了更多要求。乡村振兴战略的实施，要求农民在土地流转、农业产业发展、农村治理等方面更加注重法治意识的培养和实践。然而，农村社会仍然存在小农思维，阻碍了新时期农民主体法治意识的形成发展。小农思维注重个体的利益追求，不愿意接受统一的组织和规范，这与法治意识的培养和发展相矛盾。因此，在推进乡村振兴战略的过程中，需要加强对农民的法治教育和宣传，引导农民树立正确的法治观念，逐步摆脱小农思维的束缚，形成新时期农民主体法治意识的发展。只有这样，农村社会才能实现法治化的目标，为乡村振兴提供坚实的法治基础。

2．乡村经济发展水平相对落后

“民主政治需要社会经济发展水平的发展，没有社会经济水平的提高和发展，公民不可能有谋生以外的时间和兴趣关心和参与社会政治活动。”经济基础决定上层建筑，民主政治和法治意识作为上层建筑的重要组成部分，与当地的经济发展水平密切相关。只有在经济基础充分发展的条件下，民主政治才能得到真正的实现，法治意识才能得到有效的培养和强化。虽然国家不断推动农村经济发展，但与发达的沿海城市相比较，中西部城市经济较为落后，农民法治观念较为落后。

法治的发展与市场经济的发展是相互影响、相辅相成的关系。在我国市场经济的快速发展过程中，公民树立法治意识、增强契约精神是至关重要的。公民培育起来的权利意识、义务与责任意识对于我国法治的健全和市场经济的发展具有积极的促进作用。在市场经济中，公民的权利意识推动着他们主动参与经济活动，维护自身利益，也有助于市场经济的稳定运行。然而，在中西部大多数农村地区，由于经济发展水平有限，市场经济相对不够发达，农民对法治的要求并不十分迫切。在这些地区，农民的主体法治意识并不强烈，法治素养相对较低，这给市场经济的发展和农民创收致富带来了一定制约。

恩格斯指出：“人们首先必须吃、喝、住、穿，然后才能从事政治、科学、艺术、宗教等。”[①] 只有解决农民创收致富和物质保障问题，才能为他们提供一定的经济基础，使他们逐渐从对物质生活需求的关注中解脱出来，开始关注更广泛的社会问题以及个人的法治意识提升。因此，解决乡村经济发展水平落后问题是增强农民主体法治意识的首要任务。通过为农民创造更多的经济机会，提供切实的物质保障和法治环境，能够使农民从物质生活需求中解脱出来，逐渐关注和参与到民主政治和个人法治意识的提升之中。这将构建一个稳定、繁荣的乡村社会，实现

① 马克思，恩格斯．马克思恩格斯选集（第2卷）[M]．北京：人民出版社，1995．

乡村经济发展和法治建设的良性互动。

3. 乡村法治体系不完善

法治的实施不仅需要经济基础的支持，还需要健全的制度体系。我国农村地区在法治建设方面相对滞后，主要表现在以下两个方面：一是缺乏与农民利益密切相关的法律制度；二是即使有一些法律制度存在，也存在不完善的问题。因此，在法治实践中，这导致了法律的适用性不强，无法有效保护农民的切身利益。

在农村法治建设中，首先是法律制度供给的立法问题。尽管涉及农业、农村和农民的政策性文件比较多，但正式的法律立法相对不足。目前，只有三部与农业直接相关的法律，而这些法律往往更偏重于农村管理活动和农民的义务要求，而忽视了对农民权益的保护。例如，《村委会组织法》作为处理村民自治的法律，在其中有三分之二是关于村民自治组织的义务规定。此外，在立法过程中，农民很少能够参与其中，即使具有良好建议的农民也因为没有畅通的表达渠道而无法发声。长期以来，这导致一些农民逐渐失去了参与立法的动力和积极性。

其次是法律保障体系不完善的执法问题。在农村地区，社会往往是熟人社会和人情社会，其中形成了一些约定俗成的行为规范并得到遵守。然而，这些规范并不能代替法律，它们缺乏法律的国家强制力和约束力。此外，一些基层执法人员的水平有限，缺乏法治意识。他们往往由于人情因素导致执法不公、执法不严的现象，并且容易为了追求效果而违背正当程序，甚至出现暴力执法的情况。这些问题都会损害法治在农民心中的形象。

4. 乡村普法宣传力度不够

在实施国家普法教育活动深入农村中，取得了一定的成效，但也存在一些问题。乡村普法教育活动的形式化是其中一个问题。在部分乡村地区，普法活动往往以形式为主，而忽视了真正深入农民生活中的核心内容。例如，仅仅拉横幅、发传单和喊口号，并不能有效引起农民的关注和参与。普法宣传教育内容的单一化也是一个问题。大部分普法宣传教育活动侧重于理论灌输，强调法律法规的条文和原则。然而，对于农民来说，这些理论知识往往难以理解和运用到实际问题中。他们更关心的是与农村生活密切相关的法律问题，如土地承包、农业合作社经营等。因此，我们需要将法律知识与农村实际问题相结合，提供具体案例和实用指导，使普法教育更具针对性和实用性。此外，乡村普法宣传队伍的薄弱也是一个突出的问题。目前，乡村地区普法宣传队伍的人员缺乏，无法满足乡村普法教育的需求。同时，一些普法宣传工作人员自身法律知识不足，无法胜任普法宣传工作。

五、农民法治意识培育的途径

在培育农民主体法治意识的过程中，应注重将培育农民主体意识与实施乡村振兴战略结合在一起，不仅将实现乡村振兴战略的实践作用和培育农民主体法治意识结合在一起，还能够将乡村振兴战略的具体内容和农民主体法治意识的培育融合在一起。在培育农民主体法治意识的过程中，要避免空洞说教的问题，注重行动发挥的作用，这一特点是由农民主体职业身份的不断变化而决定的，这一理论和在校接受的理论教育内容有所区别。在完善农民主体法治意识的过程中，我们需要从以下几个方面着手进行。

（一）强化集体合作，加强农民思想政治教育

邓小平曾指出："不加强精神文明的建设，物质文明的建设也要受破坏，走弯路。光靠物质条件，我们的革命和建设都不可能胜利。"[①]在乡村法治建设过程中，广大农民是最具有积极性和活力的因素。思想政治和民主的实现是法治得以运行的根本基础，不仅决定着法治的本质，而且对法治化的进程产生着最为深刻的影响。我国社会主义法治建设在不断向乡村延伸，并对建设过程提出了新的要求，乡村农民需要从传统的思维模式中开拓创新，在思想政治和民主意识方面加强基础建设，以适应新时期乡村振兴战略的需要。

首要之务在于积极推进乡村合作经济的发展，加强农民集体协作，摒弃过去的"个体化"思维模式。在20世纪50年代，为了实现社会主义公有制改造的目的，我国开始在较大范围内推广合作社的经济组织形式，这是一种由农民进行集体劳动，实现按劳分配的农业社会主义经济组织形式，农民将各自的生产资料集合在一起，包括耕畜、大型农具、土地等。通过将自然村内的农民联合起来，形成一个农村合作社，实行农民集体劳动，摒弃了过去传统的"单干"模式，将整个自然村凝聚为一个较大的合作经济体。合作社的兴起，激发了自然村中农民的

① 袁银传．论农民意识现代化转化的具体道路[J]．毛泽东邓小平理论研究，2002（03）：87–91．

合作热情，培养了他们积极参与民主治理的精神，同时也提升了他们的思想政治素养。

其次，积极培养农民群体的民主意识和法治意识，加强其法治观念的根基。我们需要从以下几个方面入手：第一，发展社会主义思想文明，必须加强乡村组织的各个政治参与环节，包括选举和决策。坚持村民自治制度，促进农民开展自我发展、自我约束、自我服务的相关工作，激发村民对政治事务的关心和热情。当前，某些乡村地区的思想教育工作仍然没有得到重视，现代思想文明与传统宗族观念之间的关系十分紧张，而乡村农民之间的矛盾会得到激化，因此对农民进行思想教育显得尤为迫切。为了适应乡村社会经济的发展需要，我们在开展农民思想政治教育时，需要从农民的根本利益出发，维护农民的权益，同时不断创新教育的内容，从而满足农民的需要。推行农民思想政治教育，有助于发展农民的社会主义法治精神，消除封建思想的影响，打击黑恶势力，使农民能够主动地承担起法律的义务，并行使自己作为公民的权利，从而促进乡村经济、社会、文化等多个领域的发展。第二，提升乡村干部的思想政治修养水平。领导干部只有具备坚定正确的世界观、人生观、价值观，才能带领人民为实现党在新时期的奋斗目标而奋斗。在确定政治路线之后，干部的作用就变得至关重要，并成为决策是否能够成功的关键因素。乡村法律和政策的具体落实执行人员通常是乡村干部，他们是如何执行政策的，影响着人民对党和政府的根本看法，并影响着农民群众的思想和农村的整体风气。因此，要把增强广大乡村干部的思想政治觉悟作为一项重要任务来抓。然而，目前极少数农村地区不够重视乡村干部的思想觉悟培养，使得乡村干部的法律意识不强。因此，必须明确党对农村工作的引领作用，特别要做好乡村干部的培训工作，提升干部的思想政治和法律素养水平，培养一支对党、对国家忠诚的干部队伍，发挥干部的思想政治引领和示范作用；同时，我们应该让高水平的乡村干部投入基层工作中，为乡村注入新的力量，发挥乡村干部在党建思想方面的作用，从而不断提升新闻媒体的地位和作用，从日常的生活和工作做起，做好思想和宣传和引领工作，让宣传教育更具吸引力和创造力。另外，还应充分挖掘新闻媒介在宣传教育方面的潜力和价值。在农村地区，广播电视作为村集体通知群众的主要渠道，发挥着至关重要的作用，因此我们必须将广播电视利用起来。在村民们的日常娱乐中，电视扮演着至关重要的角色，电视不仅能够为农村民众带来娱乐，还能够帮助村干部进行思想的宣传。县一级的农业发展部门可以与当地的电视广播台建立紧密的合作关系，在晚饭后的黄金时段开展思想政治教育的宣传工作。为了提高“三农”节目的针对性，电视台可以开设专门的栏目，结合村民的收看情况播放民主、法治相关的思想政治教育栏目。此外，我们也应该认识到网络在村民的生活中发挥着越来越重要的作用。利用网络平台传播知识信息、进行互动交流和开展各种活动是目前最有效的方法之一。随着农村经济的蓬勃发展，大多数的乡村地区都已经普及了电脑和网络，因此我们应该充分利用网络的便利性，充分发挥网络在提高乡村农民思想政治素质方面的工具性作用，以推动农村思想教育工作的落实。

（二）发展乡村经济，增加农民收入

马克思指出：“物质生活的生产方式制约着整个社会生活、政治生活和精神生活的过程。不是人们的意识决定人们的存在，相反，是人们的社会存在决定人们的意识。”① 因此，为了实现培养农民法治意识的目的，必须积极推进乡村经济的发展，提升的农民收入，以实现乡村振兴战略中产业兴旺的发展目标。

首要之务在于不断落实家庭联产承包责任制，积极推进乡村市场经济的蓬勃发展。唯有积极推进社会主义市场经济的发展，方能使农民摆脱对“自然的纽带”和“人的依赖”关系，从而使小农中的商品生产和商品交换变得更为社会化，实现农民由过去自然的支配，转变为对劳动产品和劳动的自主支配，使农民的劳动关系从过去的依附于自然变为和市场、社会相依赖，最终实现农民意识的转变——从过去的自然意识转变为开放的社会意识，这就是我国农村改革的根本目标。乡村市场经济的持续繁荣离不开产权的明晰，因此必须加强和完善家庭联产承包责任制，以法律手段保障农民的承包经营权，从根本层面保障农民的基本产权。同时要加快农村城市化进程，实现农业现代化，让广大农民成为真正意义上的市民，从而改变农民传统的生产经营方式。其次，在土地产权得以明确的前提下，必须落实土地的流转工作，通过创新土地的多种经济功能，明确多样化的土地产权形式，做好相应的流转制度工作。

第二，务必从根本上提升农民的收入水平。实现农民增收的途径不仅限于产权流转这一种，还应落实产品和服务的市场化流转过程。

---

① 袁银传．论农民意识现代化转化的具体道路[J]．毛泽东邓小平理论研究，2002（03）：87-91．

首要之务在于顺应市场趋势，积极推进农产品的产业化进程，将农产品的产业链与价值链实现有机融合，构建“农业＋多业态”经营模式，并以合作社作为基础载体。传统的农产品加工产业一般都属于粗放型的产业，其成本高昂、利润微薄，如果我们延长农业的产业链条，发展销售、储运、保险等，能够让农民在农业的拓展过程中获得更多的利润。另外，需要进一步提升农业、工业和服务业三大领域之间的协调发展，以推动经济的产业化。首先应致力于推进农业产业化经营，发展具有带头作用的龙头企业，促进产业之间的融合发展，同时积极促进服务行业和工业的共同发展。采取这一措施，不仅能够吸纳农村剩余的劳动力，还能够提升农民的收入水平。只有当农民的收入水平提高了，他们才能够积极投身到乡村自治的活动中，从而实现全面化的发展。

（三）完善乡村法治运行体系

首要之务在于完备乡村法规。在考虑到乡村实际情况和农民实际需求的前提下，我们需要不断完善村民的自治和立法等方面。当前我国农村民主建设能够在很大程度上提升农民的积极性，发挥自己当家作主的权利，但是现有立法还有很大的提升空间。应当尽快修订或补充相关法律法规，使之与我国当前农村发展水平相适应。其次，将村规民约等“活法”纳入正式法律体系并进行整理、健全和吸收。同时，要注意将“活法”与其他法规相区分，以保证它们的规矩能够被当地的人们所遵守。为了更好地发挥这些规矩的积极作用，我们需要对其进行整理，并结合社会的实际需要，根据《宪法》等上位法，在法律的帮助下进行确认。农村的生活方式和规则在初期为法律起到了补充的作用，之后也在一定程度上促进了法律的发展。第三，健全合作社的立法体系。为了从根本上实现乡村振兴战略的目标，就必须在家庭承包责任的基础上创新乡村集约化经营的模式，以实现乡村集约化经营的全新范式。乡村集体经济具有主体地位，这是由于社会主义市场经济体制的本质特征所致。当前，我国乡村集体经济的相关法规主要基于个体化经营思维，强调集体所有权的集中化和承包权的分散化。在改革开放初期，它顺应了我国乡村当时的现实生产经营条件，发展了乡村的生产力，推动了乡村经济的蓬勃发展，从根本上改变了我国乡村的面貌，使得乡村经济进入了一个全新的发展阶段。当我国进入了新时期，乡村经济的现实状况和改革开放初期的状况已经有了很大的差异，因此我国的思维也应该转向集约化的经营思维。乡村经济要想获得更大的生存和发展空间，就需要对原有模式进行改革。通过实现乡村经济的集约化经营，我们可以提升乡村经济的生产力，并将生产和销售的各个环节统一起来，从而提高农民对风险的抵御能力。随着时间的推移，合作社已成为乡村集体经济集约化经营的一种重要组织形式，因此对其进行立法完善已变得刻不容缓。目前我国有2006年颁布的《中华人民共和国农村专业合作社法》以及与合作社相关的法律法规，显然存在不足之处，需要进一步加强，但实际的发展需要从创新实践中总结经验。

提升农村执法水平，是必要的一步。第一，应提升乡村执法人员的现代执法素养，加强乡村执法人员的执法意识。应构建一支乡村执法队伍，这一执法队伍不仅要具备较高的思想政治水平、法律素养，还应具备较强的服务意识；第二，在日常执法中必须做到依法办事、实事求是、文明公正地处理纠纷，严格按照法律法规进行执法活动，切实保障农民群众合法权益不受侵害。同时，还需加强教育培训，提高执法人员法律意识和法制观念，增强他们依法治村的自觉性。第三条，确立乡村执法监管体系。乡村执法机构应当在接受上级和媒体监督的同时，还要对农民的监督有所反馈，以确保乡村执法队伍的公平公正执法，从而培养农民主体的法治意识。

（四）加大乡村普法宣传力度

只有落实法律的实践，法律才能够进入公民的内心，而乡村社会经济的实践则能够培养农民主体的法治意识；法律走入公民的内心，还需要对法律的积极宣传，乡村普法宣传也是一种培养农民主体法治意识的途径，应当以实践培育作为普法宣传的基础，乡村普法宣传教育对于建设社会主义新农村具有非常重大的意义。党的十八届四中全会要求，“坚持把全民普法和守法作为依法治国的长期基础性工作，深入开展法治宣传教育，引导全民自觉守法、遇事找法、解决问题靠法”①。为了提高乡村居民的法律素养，增强居民的法律意识，我们需要从多个方面入手。

第一，要开拓农村法治宣传教育的渠道。包括以下几个做法：①利用现有的宣传工具和媒体平台，从各个方位出发对法律知识进行宣传和科普，以提高公众

① 中共中央国务院转发《中央宣传部、司法部关于在公民中开展法治宣传教育的第七个五年规划[N]. 人民日报，2016-04-18（01）.

对法律的认知和理解。②在聚集了农贸集市等人群的场所，定期设立法律咨询点，为群众的纠纷提供解决的方案，并对有针对性的案例进行推广式讲解，以保护当事人的隐私。③为了普及法律知识，我们需要开设一个专门的法治宣传专栏，通过图画、声音、视频等多种形式，将法律知识传递更给每一位农民，而不是简单地呈现文字内容。为了确保乡村普法不仅仅是形式上的，而是从根本上激发农民的灵感和教育，我们需要开拓更多渠道。

第二，进一步充实乡村法治宣传教育的内涵，以丰富其内容。首先应科普根本层面的法治精神和法治理念，而非仅仅是传授基本法律知识。国家部门强调了普法宣传教育不仅应该对基础的法律知识进行科普，还应该树立法治意识、发展法律的观念、弘扬法治精神，积极宣传宪法法律至上、法律面前人人平等、权由法定、权依法使用等最为基础性的法治理念，以消除人们对法律产生的错误认识。尽管乡村农民的文化水平较低，但结合法律传播的实际需要和实际状况，我们必须采用行之有效的方式弘扬法律精神，这有助于他们认识到法律不仅能够维护农民的自身权益，还具有一定的强制性。第二，实体法与程序法并重。在注重实体法宣传的同时，还要加强对诉讼、仲裁、调解、行政复议等程序法的宣传，使得农民遇到权利侵犯、矛盾纠纷时，清楚依法维权的途径，避免告状无门，依靠自身蛮力违法维权。第三，切合农民的利益需求。党中央、国务院制定实施的乡村振兴战略，就是以农民利益需求为出发点和落脚点的。近期乡村立法往往都体现了这些政策文件精神，因此乡村普法应当宣传相关政策文件精神，如《中共中央国务院关于实施乡村振兴战略的意见》《乡村振兴战略规划 2018—2022 年)》等政策文件。另外，着重宣传乡村经济、土地流转以及环境治理等关系农民切身利益的法律法规，同时着重宣传与农民日常生活相关的《民法典》等法律法规，加强农民普法宣传内容的针对性。

最后，针对不同乡村特殊对象分类指导。“七五”普法规划强调，普法宣传教育要坚持分类指导、突出重点的原则，要以对重点对象的普法带动和促进全民普法。首先是乡村青少年学生。“七五”普法规划明确指出，法治宣传教育必须“坚持从青少年抓起”。按照中小学生的身心发展特点，将法律知识、法治精神融入课本中，带进日常的教育活动中，使乡村青少年学生的法治意识得到有效培养。其次是外出务工的农民。20 世纪 90 年代以来，乡村有大量农民进城务工，他们一方面与原有乡村集体组织之间还有房屋、宅基地、土地承包等法律关系需要厘清，另一方面又面临更广泛的劳动合同等新的法律关系。同一村庄出去的农民工散布全国各地，普法宣传需要采用新的形式，如农民工所在地村集体组织和政府可以与主要集中务工地企业和政府联系挂钩，共同对农民工做好普法教育。经过一段时间，这些特殊对象往往也有可能返回乡村参与建设，成为乡村振兴的重要力量。

第三节　加强农民的风险观教育

一、社会风险与马克思主义风险防范思想

风险与人类相伴相生，但在不同的历史时期的风险挑战具有不同历史时期的特点。现代社会的风险与传统社会的风险不同，现代社会的风险主要是人为风险。本节首先梳理分析现代社会风险的特点及其相关理论，接着阐释马克思主义的风险思想。

（一）风险社会与我国社会风险

人类社会发展充满风险，《中庸》强调："凡事预则立，不预则变。言前定则不跲，事前定则不困，行前定则不疚，道前定则不穷。"对于风险，在人类文明的不同时期，人们采用了不同的表达方式来表达这种现象。比如，中国古汉语中有形容风险的偶然性和不确定性的"劫数""险象""风云"之类的词语，有强调风险的"损失性"的"灾""难""祸""坎"之类的词语，有强调风险的机遇含义的"险象环生""否极泰来"之类的词语，有认识和把握风险的"逢凶化吉""遇难成祥""因祸得福"等词语。英文当中"risk"的具体源头众说纷纭，一种说法认为其产生于17世纪中期，而它的词源是法文"risque"，意指航船穿行于危崖之间。风险一词表达的最基本含义就是"可能发生的危险"，这是人们在人与自然、人与社会互动过程中形成的朴素风险意识和风险观念的表达。

风险本质上是一个历史性产物，不同时期有不同的风险，不同风险也成为不同时期的制约因素。人类面对的风险大略可以分为自然风险为主的时期和人造风

险为主的时期。原始社会是人类最初的文明形态。人类以更大步伐走上了既按照任何事物的尺度又把自己内在的尺度运用到对象上去而进行生产的道路，但是在人与自然的关系中不管是人类改造自然的能力，还是人类对自身及其自然的意识都是很低水平的。“对活的个体来说，生产的自然条件之一，就是他属于某一自然形成的社会、部落等等。”① 自然界起初是作为一种完全异己的、有无限威力的和不可制服的力量与人们对立的，人们同自然界的关系完全像动物同自然界的关系一样，人们就像牲畜一样慑服于自然界，因而，这是对自然界的一种纯粹动物式的意识（自然宗教）……这个开始，同这一阶段的社会生活本身一样，带有动物的性质；这是纯粹的畜群意识，这里，人和绵羊不同的地方只是在于：他的意识代替了他的本能，或者说他的本能是被意识到了的本能。这样的背景下，人类面对的风险主要是源于人慑服于自然界，因而人类面对洪涝、地震、饥荒、瘟疫等“天灾”，面对“活下去”彼此争夺生存资料的风险。随着生产力的不断发展，人类进入农业社会，农业文明上承原始文明，下开工业文明。以金属工具的广泛使用为标志，人类生产力水平发展到一个新的高度，采集和狩猎等谋生方式逐步转变为种植、养殖为主的社会生产活动。与此同时，随着社会分工发展，出现了社会分裂，社会大分工产生了主人和奴隶、剥削者和被剥削者、富人和穷人的差别。一部分人占有另一部分人劳动成果成为可能，人身依附成为社会秩序的主要特征。对此，马克思说：“他们不能代表自己，一定要别人来代表他们。他们的代表一定要同时是他们的主宰，是高高站在他们上面的权威，是不受限制的政府权力，这种权力保护他们不受其他阶级侵犯，并从上面赐给他们雨水和阳光。所以，归根到底，小农的政治影响表现为行政权支配社会。”② 在农业文明时代，从人与自然的关系角度看，自然力风险和生存风险仍然是重要的风险，从人与社会的关系角度看，阶层、阶级等矛盾而引发的社会风险越来越成为重要的风险。

人类在原始社会和农业社会面对的风险有所不同，但是总体上是以自然风险为主。从工业社会开始，人类面对的风险仍然不可避免地存在自然风险，但是人造风险日益增多，以至于有人认为人类坐在了火山口上。以工业革命为标志，人类生产力开始狂飙，正如马克思所指出的：“资产阶级在它的不到一百年的阶级统

① 马克思，恩格斯．马克思恩格斯选集（第1卷）[M]．北京：人民出版社，2012．

② 马克思，恩格斯．马克思恩格斯选集（第1卷）[M]．北京：人民出版社，2012．

治中所创造的生产力，比过去一切世代创造的全部生产力还要多，还要大。”[①] 人类具有了强大的改造自然的能力，同时资本的贪婪本性促使其攫取最大化的剩余价值，这样人从对自然的依赖转变为强势占有。“在各个资本家都是为了直接的利润而从事生产和交换的地方，他们首先考虑的只能是最近的最直接的结果……当西班牙的种植场主在古巴焚烧山坡上的森林，认为木灰作为能获得最高利润的咖啡树的肥料足够用一个世代时，他们怎么会关心到以后热带的倾盆大雨竟冲毁毫无保护的沃土而只留下赤裸裸的岩石呢？”[②] 因此，工业社会放大了原本存在的自然风险。这一系列的自然风险一旦发生，危害极大并且往往有全球化蔓延的可能。工业社会还“制造”了一系列原本不存在的风险，比如经济动荡、核威胁、生物安全、生产过剩的危机、全球性的战争威胁等等。乌尔里希·贝克（Ulrich Beck）认为，“当前，现代性正从古典工业社会的轮廓中脱颖而出，正在形成一种崭新的形式——（工业的）‘风险社会’”。[③] 工业社会的风险展现出与以往社会不同的特点：第一，风险不是个别的零星现象，成为一种普遍性的存在。对此，用乌尔里希·贝克的话说：“在第一现代性中最基本的关于可控制性、确定性或者安全性的想法土崩瓦解了。一种与社会发展的早期阶段有所区别的新的资本主义，新的经济，新的全球秩序，新的社会和新的个人生活正在形成。”[④] 不同于以往，工业社会的风险形态纷繁万千、形式各异，几乎无法一一列举。第二，风险不是个别地区的现象，成为世界性的现象。随着全球化进程的加速，人类已经生活于“地球村”，人流、物流、信息流等愈来愈在世界范围内拓展与交换，其后果是使原来局部的区域性风险转化为世界的全球性风险。西方世界和非西方世界不仅共享资源、信息和人才，而且也共享现代社会风险。第三，风险不仅存在于物理世界，而且拓展到虚拟空间。随着人类社会进入后工业社定性、复合叠加性（新旧风险同时出现）和分配的高度不确定性，而且人们并不容易理解其生成和发生影响的机理。对我国社会风险的阶段划分是为了理解方便而进行的抽象概括，实际上不同阶段之间并没有清晰的解析，不同阶段之间往往是相互交织的，而且随着

---

① 马克思，恩格斯．马克思恩格斯选集（第 1 卷）[M]．北京：人民出版社，2012．

② 马克思，恩格斯．马克思恩格斯选集（第 3 卷）[M]．北京：人民出版社，2012．

③ （德）乌尔里希·贝克．风险社会 [M]．何博闻，译．北京：译林出版社，2004．

④ （德）乌尔里希·贝克．世界风险社会 [M]．吴英姿，孙淑敏，译．南京：南京大学出版社，2004．

我国社会主义现代化不断推进，我国社会风险也会呈现出新的样态。

（二）马克思主义风险防范的思想

现代社会是一个高风险社会。面对现代性的社会风险，许多学者对此进行研究并从不同维度描绘了现代社会风险。对此，杨雪冬教授认为有三种理解方式：第一种是现实主义者，以劳（Lau）提出的“新风险”理论为代表，认为风险社会的出现是由于出现了新的、影响更大的风险，如极权主义增长、种族歧视、贫富分化、民族性缺失等，以及某些局部的或突发的事件能导致或引发潜在的社会灾难，比如核危机、金融危机等。第二种理解是文化意义上，认为风险社会的出现体现了人类对风险认识的加深。比如凡·Z·普里特威茨（Von Pittwitz）的“灾难悖论”理论以及拉什（Lash）等人提出的“风险文化”理论。第三种理解是制度主义的，以贝克（Beck）、吉登斯（Giddens）等人为代表，他们是“风险社会”理论的首倡者和构建者。比较而言，他们对于风险的分析更为全面深刻，尽管依然带有拉什所批评地用一种制度结构替代另一种制度结构来应对当代失去结构意义的风险的缺陷[①]。西方风险社会理论有其局限性，但也是我们理解现代社会的重要的理论资源，有助于我们清醒地认识我们当前所处的历史阶段、面临的挑战并作出合理的反应。

问题不在于解释世界，而在于改造世界，马克思主义始终关注时代的声音。马克思主义理论蕴含着丰富的风险思想。“虽然马克思并没有直接提出‘风险社会’，但现代性的风险特性对马克思而言，不是边缘的存在者，不是碎片化散播的话语，而是贯穿于马克思新世界观变革的思想之中。”[②] 马克思、恩格斯的风险思想的明显特征是从对资本主义危机的理论阐释中拓展到其他领域。在中国革命、建设和改革进程中，中国化的马克思主义进一步丰富发展了马克思主义的风险思想。比如，“邓小平同志反复强调：‘我们要把工作的基点放在出现的较大风险上，准备好对策。这样，即使出现了大的风险，天也不会塌下来。’这样的论述，毛泽东同志、邓小平同志讲得很多，也很深刻，是治党治国很重要的政治经验和政治智慧。”[③] 我们党历来重视风险问题，尤其是党的十八大以来，习近平总书记关

① 杨雪冬．风险社会理论述评[J]．国家行政学院，2005（01）：87–90.

② 魏传光：风险社会中人的发展研究[M]．北京：中国社会科学出版社，2015.

③ 习近平．习近平谈治国理政（第二卷）[M]．北京：外文出版社，2017.

于风险防范的重要讲话、重要指示精神和党中央的决策部署提出一系列关于防范化解重大风险的新论断和新举措，这是习近平新时代中国特色社会主义思想的重要组成部分。

第一，新时代中国特色社会主义面临的矛盾风险前所未有。随着世界多极化、经济全球化、社会信息化和文化多样化深入发展，新时代中国面对的社会风险具有普遍性，也具有特殊性。经过长期努力，中国特色社会主义进入了新时代。发展起来的中国有更强的能力应对风险挑战，但与此同时，我国正处于跨越“中等收入陷阱”并向高收入国家迈进的历史阶段，矛盾和风险比从低收入国家迈向中等收入国家时更多更复杂。一方面，新时代中国特色社会主义面对的风险挑战不容忽视，而且都是更深层次的风险挑战。另一方面，不仅我们面对的风险挑战性质上是深层次的，而且我们面对的风险挑战具有叠加性。对此，习近平总书记指出：“改革开放越往纵深发展，发展中的问题和发展后的问题、一般矛盾和深层次矛盾、有待完成的任务和新提出的任务越交织叠加、错综复杂。”① 再一方面，改革发展稳定任务之重前所未有，矛盾风险挑战之多前所未有。因为我国面对的风险前所未有，再加上风险的叠加性、关联性，就容易形成风险的堰塞湖效应。堰塞湖效应就是由于山谷被堰塞物质堵塞集聚形成的湖泊，但是由于堰塞物承受不了强大的压力而容易破坏，从而导致流水倾泻而出造成极大危害。正因为如此，习近平总书记指出：“面对波谲云诡的国际形势复杂敏感的周边环境、艰巨繁重的改革发展稳定任务，我们必须始终保持高度警惕，既要高度警惕‘黑天鹅’事件，也要防范‘灰犀牛’事件。”②

第二，新时代坚持和发展中国特色社会主义面临多种重大风险。习近平总书记指出：“我们面临的重大风险，既包括国内的经济、政治、意识形态、社会风险以及来自自然界的风险，也包括国际经济、政治、军事风险等。”③ 就是说，我们至少面对“六大风险”。其一，经济风险。主要有三个方面：总体上面对经济下行风险；从国内国际上看面对国际金融风险，从具体领域看主要有粮食风险、能源风险、金融风险等。其二，政治风险。主要涉及坚定政治方向和道路自信的问

① 习近平．习近平关于全面深化改革论述摘编 [M]. 北京：中央文献出版社，2014.
② 习近平．习近平谈治国理政（第三卷）[M]. 北京：外文出版社，2020.
③ 本书编写组．十八大以来重要文献选编（中）[M]. 北京：中央文献出版社，2016.

题，“四大考验”和“四大危险”考验着党的领导地位，存在着形式主义、官僚主义、享乐主义和奢靡之风的问题，建独立王国、搞小山头、拉小圈子等不遵守政治纪律和政治规矩的问题。其三，意识形态风险。主要涉及“颜色革命”的风险、社会价值多元化的风险和互联网这个最大变量的风险。其四，社会风险。主要涉及社会稳定的风险、社会安全的风险等方面。其五，生态和生物安全风险。我国是世界上自然灾害最为严重的国家之一，灾害种类多，分布地域广，发生频率高，造成损失重，这是一个基本国情。同时，重大传染病和生物安全风险是事关国家安全和发展、事关社会大局稳定的重大风险挑战。其六，军事风险。主要面对对外维护国家主权、安全和发展利益，对内维护政治安全和社会稳定的双重压力。

第三，应对新时代中国特色社会主义重大风险要有科学的思维方法。其一，战略思维。所谓战略思维就是站到全局的高度观大势、谋全局，正确把握事物发展总体趋势和方向。习近平总书记指出：“在新的长征路上，我们要立足世情国情党情，统筹国内国际两个大局，统筹党和国家事业发展全局，协调推进各项事业发展，抓住战略重点，实现关键突破，赢得战略主动，防范系统性风险，避免颠覆性危机，维护好发展全局。”① 不让小风险演化为大风险，不让个别风险演化为综合风险，不让局部风险演化为区域性或系统性风险，不让经济风险演化为社会政治风险，不让国际风险演化为国内风险。其二，历史思维。所谓历史思维就是从过去、现在和未来中正确评判事物的优劣、把握事物的特点和发展趋势。我国发展仍然处于可以大有作为的重要战略机遇期。我们最大的机遇就是自身不断发展壮大，同时也要重视各种风险和挑战，善于化危为机、转危为安。2014 年 12 月，习近平同志在中央经济工作会议上指出：“从经济风险积累和化解看，伴随着经济增速下调，各类隐性风险逐步显性化。”② 其三，辩证思维。所谓辩证事物就是不能片面地、静止地、孤立地看问题，要全面地、发展地、联系地看问题。2015 年 10 月 29 日，习近平总书记在党的十八届五中全会第二次会议上指出：“各种风险往往不是孤立出现的，很可能是相互交织并形成一个风险综合体。”③ 当前，世界大变局加速深刻演变，全球动荡源和风险点增多，我国外部环境复杂严峻。我们

① 习近平．习近平谈治国理政（第二卷）[M]．北京：外文出版社，2017．

② 本书编写组．十八大以来重要文献选编（中）[M]．北京：中央文献出版社，2016．

③ 本书编写组．十八大以来重要文献选编（中）[M]．北京：中央文献出版社，2016．

要统筹国内国际两个大局、发展安全两件大事，既聚焦重点又统揽全局，有效防范各类风险连锁联动。其四，创新思维。所谓创新思维就是突破常规，以新颖的、独到的、有社会意义的思维方法解决问题。防止出现“新办法不会用，老办法不管用，硬办法不敢用，软办法不顶用”的问题。其五，底线思维。所谓底线思维就是思考处理问题的时候考虑到最不利的结果并做好充分谋划的思维方式。习近平总书记指出：“我们必须保持清醒头脑、强化底线思维，有效防范、管理、处理国家安全风险，有力应对、处置、化解社会安定挑战”①“分析国际国内形势，既要看到成绩和机遇，更要看到短板和不足、困难和挑战，看到形势发展变化给我们带来的风险，从最坏处着眼，做最充分的准备，朝好的方向努力，争取最好的结果”②。

第四，新时代中国特色社会主义风险防范的战略建构。其一，加强党的领导，夯实群众基础。东西南北中，党是管理一切的，应对和战胜前进道路上的各种风险和挑战，关键在党。在中国革命、建设和改革的过程中，中国共产党始终将忧患意识作为重要原则，在应对国内外各种风险和考验的历史进程中始终成为全国人民的主心骨。这就要求全体党员干部面对风险要心中有数、对症下药、综合施策，出手及时有力，力争把风险化解在源头，成为“防风险的实干家”。密切联系群众，从群众中来，到群众中去，是党的一贯传统，也是风险防范的重要法宝。习近平总书记在庆祝中国共产党成立95周年大会上指出：“党与人民风雨同舟、生死与共，始终保持血肉联系，是党战胜一切困难和风险的根本保证。”③其二，推进社会主义现代化建设。经济基础决定上层建筑，防范重大风险离不开物质基础的保障，同时经济社会全面、协调和可持续发展本身也有利于消除潜在的社会风险。习近平总书记强调：“面对未来，要破解发展面临的各种难题，化解来自各方面的风险和挑战，更好发挥中国特色社会主义制度优势，推动经济社会持续健康发展，除了深化改革开放，别无他途。”④其三，不断推进国家治理体系和治理能力现代化。防范重大风险挑战既要政治过硬，也要本领高强。高强的本领既体

① 习近平．习近平谈治国理政[M]．北京：外文出版社，2014.

② 习近平．习近平谈治国理政（第二卷）[M]．北京：外文出版社，2017.

③ 习近平．习近平谈治国理政（第二卷）[M]．北京：外文出版社，2017.

④ 习近平．习近平谈治国理政（第一卷）[M]．北京：外文出版社，2018.

现于党员干部的素质能力，也体现于国家治理体系不断转化治理能力。在抵御风险挑战问题上，“要加强对各种风险源的调查研判，提高动态监测、实时预警能力，推进风险防控工作科学化、精细化”[①]。要不断提高综合治理、依法治理和系统治理水平，更好地辨识和管控风险。

二、农村和农民所面临的风险

（一）农村进入风险社会

进入现代社会以来，农村的社会风险愈来愈多；，风险的关联性愈来愈大，一种风险可能是另一种风险引起的，也可能引起新的风险，兼容性也愈来愈强，往往在一个风险中蕴含着多种风险。具体来说，农村存在的风险主要包括生产风险、生活风险和生存风险。生产风险主要包括传统的旱涝虫灾等自然灾害风险和现代的价格等变化带来的市场风险；生活风险包括医疗、子女教育、养老、子女婚嫁、修房盖屋、人身自由和合法权益的被限制等等；生存风险包括土地被征占、土地被污染，以及其他威胁农民生命安全的交通事故、现代工业事故和重大公共安全危机等。各种风险往往不是孤立存在的，对农民来说，生产风险很容易转变为生活风险和生存风险，生活风险也同样会转化为生产风险与生存风险，即生存风险既可能来源于生产风险也可能来源于生活风险。同样，生存风险的降临会使农民陷入生产和生活双重风险。可以说风险已全面浸入农民生活，并开始建构农民的集体意识与地方性知识，建构乡村的社会秩序与社会空间。

（二）农民的风险意识

随着风险渐渐浸染农民的日常生活，他们逐渐对风险产生了较明确的认识。生产中的自然风险他们并不陌生，甚至是他们日常生活的一部分，没有什么特殊的，但现代社会的自然风险对农民来说却有较大的扩张性，它不仅意味着所有或部分投入付诸东流，还意味着农民要调用其他生产生活资源来分散其所造成的损失，这种调用又增大了他们遭受其他生活风险的机会和可能。但对他们的大部分人来说，土地仍是基本的生存保障，对土地的依赖和经营不可能因为无力阻止和

① 本书编写组．十八大以来重要文献选编（中）[M]．北京：中央文献出版社，2016．

预期的自然灾害就减弱甚至停止，“风调雨顺”成为农民表达对自然灾害回避心理的日常用语。

农民认为市场为他们带来了依靠自己的力量改变生活的机会、资源与空间，他们逐渐学会了利用市场。在对市场的利用过程中，他们也已经意识到市场的变化和无常，“行情”是他们关注的重要内容。但仍有许多人对市场变化的信号不敏感，分析市场行情的能力较弱，要么投入所有去赌未来不确定的市场（几乎每年都有农民遇到各种作物的销售难题；要么不敢过深地参与到市场中来。同时，大部分农民尚未意识到农业市场风险的全球性，更没有意识到世界农产品进入国门对其蕴含的风险，甚至因为国家减免农业税，对未来的市场风险尤其是农作物的市场风险降低了预期。

据乐章的调查，农民对疾病风险感知最强烈，他们将疾病作为生活中最大的风险。疾病尤其是大病所需的医疗费用，是一般农民家庭无法承受之重，许多农民因病致贫，甚至倾家荡产，这种生活场景建构了农民的集体意识：病可得不起，疾病不仅会使自己的物质积累荡然无存，也会使自己辛苦建立起来的社会地位、社会价值受到破坏，甚至会摧毁未来生活的希望。因而他们对疾病充满了恐惧，害怕自己得病也怕家人得病，并且讳谈疾病，即使自己有病也不愿被人知道[①]。而史清华的调查则显示农民对子女教育的风险感知最强烈[②]。这一感知还会随着子女就学级别的升高而升高，尤其上大学后。大学不仅学费高，生活费用也会急剧攀升，但他们知道自己的收入并不会顺着子女升学的阶梯增加，自己不稳定且较低的收入会遭遇到子女刚性的教育支出。一方面让子女接受教育尤其是高等教育是改善全家生活前景的希望，另一方面子女教育也可能是在剥夺全家改善生活前景的能力，对教育充满了矛盾，一方面盼望子女能够跳出农门，一方面在高额的跳出成本前一筹莫展，而不让子女教育又怕陷入更深刻的贫困和边缘、弱势地位，是既爱又怕的风险。

农民对自己的养老也充满担忧。农民非常担心自己在壮年时为子女教育、治疗父母和自己的疾病倾尽所有，年老时，如何生活？尤其在丧失生产能力和遇到

---

① 乐章．农民的疾病风险与医疗保障：一个实证分析[J]．经济社会体制比较，2005（01）81–90．

② 史清华，顾海英，张跃华．农民家庭风险保障：从传统模式到商业保险[J]．管理世界，2004（11）：101–108．

重大疾病时，指望谁？他们很茫然，也很伤感，养儿防老的观念在他们心中已被淡化，强化的是养老无助心理。有的农民们认为老人不值钱，既不会得到尊重，也不会得到照顾，这种心理进一步扩大为人不能“没用”，不再能“干活”时，生命就失去了存在的价值。

相比而言，农民对子女婚嫁的费用风险和修房盖屋的风险感知强度要弱一些，虽然仍是他们生活风险的组成部分，但只是组成了他们生活中一段艰难的历程，而艰难程度他们基本上可以预测。

当农民赖以生存的基本条件受到破坏时，所有的生产和生活风险的重要性都会下降。对于农民来说，耕地的丧失或急剧减少也是一个不容忽视的风险。这一风险原来集中于市郊农民，近年来，随着各级政府招商引资制度的普及化，失地已成为更大范围内农民的风险，也成为较疾病与子女教育更触动农民风险意识的风险。农民害怕得病，害怕子女的高额学费，但更害怕耕地的丧失，因为它会使自己面临更全面、更深刻的风险之中。农民知道污染是现代工业的产物，是人为的结果，是对自己和自己生存条件和环境的损害，但还没有将土地的污染等同于土地的丧失，也没有认为空气和水的污染会最终影响到自己的生存。

三、农民风险观教育的时代价值

（一）农民适应社会发展的客观要求

现代社会面临着现代性的风险，农村也进入现代风险社会。传统农业社会是一个相对静止的熟人社会。“他们的生产方式不是使他们互相交往，而是使他们相互隔离……他们进行生产的地盘，即小块土地，不容许在耕作时进行分工，应用科学，因而也就没有多种多样的发展，没有各种不同的才能，没有丰富的社会关系……而各个小农彼此间只存在地域的联系，他们利益的同一性并不使他们彼此间形成共同关系，形成全国性的联系，形成政治组织。”[①] 时过境迁，现在的农村与城市的空间格局发生了很大变化，农业生产方式发生了很大变化，农民的交往方式和生活空间也发生了很大变化。城乡之间的隔阂不断被打破，一方面随着城市的迅速发展和扩展，许多农村逐步成为城市的一部分，另一方面随着农村基

① 马克思，恩格斯．马克思恩格斯选集（第1卷）[M]．北京：人民出版社，2012．

础设施的不断迭代升级，随着乡村振兴战略的推进，农村的现代化水平不断提高。一个是城市的开放社会，一个是相对封闭的农村内部社会，这两个“世界”被逐步打破，城乡融合已经成为未来发展的必然。与之对应，农业生产不再是传统的面朝黄土背朝天的靠天吃饭，农业生产现代化水平不断提高；农业生产不再是自给自足，而可能是为了面向市场；农业生产不是每一个人的必然选择，农民企业家、农民作家、农民工等许多人可能已经脱离了农业生产。全球化、市场化境遇下的农民不得不从旧有的传统中逐步走出来，主动地或者被动地选择开放社会。总之，今天的农民不仅面对几千年来一直存在的风险挑战，而且面对现代化进程中出现的新的风险挑战。

农民面对的风险是多种多样的，主要有自然风险、经济风险、政治风险、社会风险、生活风险。自然风险是指自然灾害造成的风险，仍然是农民面对的重要风险。经济风险是农民经济生活中面临的产品质量劳动力短缺、市场竞争、金融等风险。政治风险是指政治体制改革以及官僚主义等原因使农民面对的风险。社会风险是指社会体制机制改革、社会发展失调和社会管理缺位而形成的风险。生活风险是基本生存风险、教育与发展风险、社会交往风险和心理失衡风险等风险。农民对各类风险并不陌生。比如，自然灾害造成的风险自古有之，而且长期以来农民也积累了丰富的防范风险的经验和做法。相比较而言，经济风险则不像自然风险那样源远流长，面对风云变幻的市场，虽然有准备，但很多时候“搏一把”成为应对市场变化的“法宝”。同样，快速发展的社会如同转弯加速的汽车，使政治风险、社会风险、生活风险也有所增加。

农业农村农民问题是关系国计民生的根本性问题，农民面对的风险是我国面对风险的重要组成部分。风险是处于“可能发生”的未完成状态，风险也是处于“危机但蕴含转机”的辩证状态。“船到中流浪更急，人到半山路更陡。”实现中华民族伟大复兴不可能一帆风顺，统筹发展和安全，增强忧患意识，做到居安思危，是我们党治国理政的一个重大原则。

（二）农民应对风险脆弱性的必然要求

詹姆斯·斯科特（James C.Scott）曾说，把生存作为目的的农民在风险面前是脆弱的，就像“一个人长久地站在齐脖深的河水中，只要涌来一阵细浪，就会陷入灭顶之灾”①。就是说，相比其他群体，农民面对风险体现出比较明显的脆弱性的特点。脆弱性概念起源于对自然灾害问题的研究，后来逐步广泛运用于自然科学、社会科学等各个学科和领域。

脆弱性往往与风险相联系，脆弱性受到社会、经济、制度等外部条件和系统的内部条件的影响，脆弱性的强弱可以通过敏感性、适应性和恢复力等指标衡量。从脆弱性的影响因素看，相比于其他产业，当前农业生产面对更大的外界环境不确定；相比于其他群体，当前农民面对更大的信息不对称，更弱的风险认知能力。从脆弱性的衡量指针看，农民对生产生活环境的变化很敏感，比如一个家庭出现重大的病故，就可能出现一辈子的辛勤努力归零。相对缺乏适应力容易造成损害，更为重要的是，这种损害不容易恢复到良好状态。

风险如同一堆易燃物一样会因自然、行为人的作为或者不作为等原因燃爆，从而发生重大风险事故。重大风险事故的发生本质上是风险诱发因素由量变到质变的发展并对经济社会正常秩序产生严重威胁，因而需要在非常态下积极应对的事件。风险治理是涉及方方面面的系统工程，除涉及具体专业知识技能外，还依赖于一套有效的管理机制。制度会形成一种相对稳定的模式，确保重大风险治理有序有效，但是制度归根到底需要由人去执行。面对突如其来的风险，如果管理者对危机不能作出快速准确的判断，或者作出决策后又不知所措，就不能很好地处理好风险挑战，甚至造成不必要的损害。同时，风险治理离不开社会全体成员的共同努力。重大风险的爆发是突发事件，没有相应的应对准备很容易造成社会恐慌。相反，社会全体成员如果能正确看待需要应对的风险挑战，有利于动员团结全体人民，凝聚起共渡难关的磅礴力量。习近平同志指出：“既要有防范风险的先手，也要有应对和化解风险挑战的高招；既要打好防范和抵御风险的有准备之战，也要打好化险为夷、转危为机的战略主动战。”②不管是防范风险先手的能力，还是化解风险的高招都不是一日之功。因此，需要普及风险意识教育，提升每个人的危机意识与责任意识，打好防范抵御风险的有准备之战和战略主动战。

---

① （美）詹姆斯·C. 斯科特：农民的道义经济学：东南亚的反叛与生存[M]. 程立显，刘建，等译. 北京：译林出版社，2001.

② 习近平. 习近平谈治国理政（第三卷）[M]. 北京：外文出版社，2020.

（三）农民生产生活变迁的要求

从农民的生产生活来看，农民是从事农业生产的劳动者。《说文解字》说：“农者，耕也、种也。”《汉书．食货志》说：“学以居位曰士，辟土殖谷曰农，作巧成器曰工，通财鬻货曰商。”西方也有这样的认识，美国的埃弗里特·M．罗杰斯（Everett M.Rogers）认为：“农民是农产品的生产者和传统定向的乡下人，他们一般都比较谦卑，大多是自给自足的（虽然并非完全需要），就是说他们生产的粮食和其他东西，大部分都是自己消费的。因此，农民是自给自足的农业生产者。”① 随着时代的发展，农民的生产生活也不断发展变化，传统农民为了“温饱”，现代农民为了“致富”。温饱就是努力实现基本的生活保障，自给自足的自然经济是主要的生产生活方式，小富即安大略是比较典型的心态；致富要努力实现的是占有更多的财富，拥抱市场经济成为主要的生产生活方式，大富大贵成为许多人的向往和追求。斐迪南·滕尼斯（Ferdinand Tönnies）认为：“农民一般受习惯支配，不相信新的方法，而且他一般也只拥有维系他的经营所必需的资本。无论如何，富裕的和有智慧的农民，都会努力争取完善他的财富，然后扩大他的财富，使之更有收益。”② 换句话说，农民生产生活从生存到致富的转换受到市场经济的推动，根本上受到自身内在追求的影响。

从农民的价值观念来看，致富的选择也带来传统文化的变迁或者消失。费孝通先生曾经在《消遣经济》中举了一个车夫的例子：“以前从车站到大西门跑一次只得到了2毛钱，一天一个拉车的非来回跑三四次不能养家糊口。现在工资是涨了，跑一次可以有1块半，可是拉车的却并不一定要来回跑三四次，跑一次就算了。他实际的收入可不是依然如故吗？工资提高，既不一定提高工人的收入，生活程度自然也是不一定提高了。为什么他不多跑几次，多挣几块钱，上电影院去度个黄昏呢？依我看来，在这里作怪的是我们几千年消遣经济中养成的基本态度，若明白了这个态度，传统经济中许多特色就很容易了解了。”③ 这种从土里长出来的文化传统遵循的不是“经济利益最大化”的经济理性原则，而是避祸求安、小

① （美）埃弗里特·M．罗杰斯，拉伯尔·J．伯德格．乡村社会变迁[M]．王晓毅，王地宁，译．杭州：浙江人民出版社，1988．

② （德）斐迪南．滕尼斯．新时代的精神[M]．林荣远，译．北京：北京大学出版社，2006．

③ 费孝通．费孝通文集（第2卷）[M]．北京：群言出版社，1996．

富即安的心态。这种状态有过光荣的历史，但是从土里长出来的文化自然也会受到土的束缚。商业价值的出现和张扬带来了异质性和流动性，对于这一点，从农民工观念的代际变迁上比较典型地体现出来。有学者指出：第一代农民工是纯粹的农民，进城务工只是地理上的移动，回乡是不假思索的。新生代是一只脚在农村、一只脚在城市的农民工，他们的角色和地位被重新形塑；他们既有传统的因素，也有现代的因素，因此回农村，可按农村的规则行事，进城也可以适应城市生活，如果赚钱成功，他们就脱离原来的共同体，在就业的城市或家乡的镇、县城生活。换言之，回乡与否可以选择。农民工二代尽管在生活方式上与新生代农民工相似（有文化、在城市接受教育、娱乐方式上大体一致），但他们接受社会化的环境不同，和共同体关系断裂了，传统无法再续，农村回不去了，其移动的方向天然就是城市，脱离原来的共同体则是被迫的。这样，他们最大限度地摆脱了人情关系的纠缠，按照利益来审视自己的行为，理性主义产生了。当前，两亿左右的农民工走出家门，正是拥抱充满风险的生活。

不管是农民的生产生活方式，还是农民的价值观念都发生了变化，保守逐步变得不是主流，传统也在逐步疏离。走出农村狭小的天地，拥抱更加广阔的“地球村”，在市场经济的大潮中搏击风浪，享受现代世界带来的种种便利，成为越来越多人的选择。因此，风险意识培育也成为越来越重要的议题。

四、农民风险观教育的有效途径

（一）正确看待风险的教育

这是运用马克思主义的立场、观点和方法正确看待风险本身的教育。一是运用马克思主义风险观正确认识风险的产生、发展和变化。从物质的客观性理解风险的客观存在，从必然性与偶然性、内因与外因、主观与客观等角度辩证分析风险产生的根源，从人类实践与自然界的关系、个体与社会的关系、国家与国家之间的关系去理解风险之于人类生存和发展的关系，如此等等。运用马克思主义基本原理正确认识各类风险不仅是党员干部应对风险挑战的必修课，也是社会全体人员面对风险挑战的必修课。二是以科学的思维方法看待风险。风险观教育不仅传递风险的知识，传播防范抵御风险的思维方法，也从纷繁复杂的矛盾中把握风险治理的规律。风险教育要学习增强高瞻远瞩、统揽全局，又把握局部的战略思维；要学习增强把握战略谋划、坚持两点论与重点论的统一的辩证思维；要学习增强“最好的教科书”“最好的老师”“最好的清醒剂”的历史思维；要学习增强预判风险、规避风险、化解风险，由被动转为主动的底线思维；要学习增强以问题为导向、创新思维方法、创新实践路径的创新思维；要增强学习尊重法律、参与和守护良法善治的法治思维。

（二）增强风险治理的制度自信教育

这是坚信中国特色社会主义制度在应对风险挑战中有显著优势的教育。中国制度是中国之治的制度密码，其丰富的实践成果是党领导人民创造了世所罕见的经济快速发展和社会长期稳定的“两大奇迹”。风险治理的制度自信教育不是盲目地灌输思想，而是理解我国制度体系的来源与架构在风险治理中如何发挥巨大的保障作用和推动作用。一是党和国家风险治理的成功经验。在长期的革命、建设和改革发展过程中，党形成应对风险挑战的丰富理论和实践。历史是最好的教科书。学习党史、国史，是坚持和发展中国特色社会主义、把党和国家各项事业继续推向前进的必修课。历史记忆将党在风险治理中的人物、事件和情节依据时间序列展开，让人们从历史大势中提升风险治理的制度自信。因此，历史的教科书不仅是“必修课”，而且必须“修好”。二是中国特色社会主义制度的显著优势。“中国特色社会主义制度是党和人民在长期实践探索中形成的科学制度体系，我国国家治理一切工作和活动都依照中国特色社会主义制度展开，我国国家治理体系和治理能力是中国特色社会主义制度及其执行能力的集中体现。”[①] 中国特色社会主义坚持以人民为中心，坚持人民主体地位，坚持立党为公、执政为民，任何时候都践行全心全意为人民服务的根本宗旨。

（三）加强农民面对风险的人生观教育

这是生存于现代风险社会中主体的价值观念教育。一是应对风险的心理准备及调适。在《黑天鹅》一书中，作者提到人们处在安宁和平的环境下很不情愿去想象那些苦难和危险的日子，人们会刻意逃避黑天鹅的存在。这种对风险的逃避

① 习近平．关于《中共中央关于坚持和完善中国特色社会主义制度 推进国家治理体系和治理能力现代化若干重大问题的决定》的说明[N]．人民日报，2019-11-06（04）．

行为并不能阻止风险的爆发，只会越来越淡化对其的认识，弱化抵御风险的能力。同时，随着我们从历史规定的、在统治和支持的传统语境意义上的社会形式与义务中脱离，逐步从“单位人”“社会人”转变，个体获得前所未有的“自由”，但也需要独自面对各种风险。由此当发生重大风险时加剧了个体的不安全感、不确定感和不可靠感，甚至是恐惧感。因此，要有面对突发危机时的冷静和正确看待危机、解决危机的心理状态，才不会在关键时刻手足无措，被混杂的声音引入歧途。二是责任意识教育。增强全体人民社会责任意识在任何时候都是国家稳定发展的重要基础。风险治理中社会责任的重要性更加突出。因为社会风险如同笼罩的雾，不会因为贫富、性别、年龄等就差别对待，同时社会风险牵一发而动全身，需要全体人民携手共同面对风险挑战。面对“失控的世界”，责任意识是对自己的行为负责、对他人负责、对社会负责的重要前提。同时，随着“人造风险”代替“自然风险”成为现代社会的主导风险，人类的责任也需要扩展到人与自然命运共同体的宽度，不仅要承担人类自身的责任，还需要对自然界承担起全新的责任。三是提升道德判断能力。道德判断是个体基于其已接受的道德规范标准，对自己或其他人的行为进行评判的过程。风险社会中存在的各种冲突使每一个个体都面对不确定性和不稳定性。加之互联网的迅猛发展进一步推波助澜，人们面临更加复杂的情况。近年来，随着网络的普及，空穴来风的消息与扭曲事实的新闻肆意在网络上传播。这样的情境下，个体道德判断能力可能会受到影响，道德相对主义或者道德冷漠更可能凸显。这些都亟须个体不断提升道德判断力去判断、选择和反思。

（四）将思想政治教育融入农民风险观教育

1. 抓好经常性思想政治工作，加强风险观教育

一方面，风险观教育要融入农村思想政治工作。风险观教育不是新开一门独立的课程，而是和理想信念教育、爱国主义教育、生命观教育等一样，作为渗透性的因素融入现行的农村思想政治工作。另一方面，风险观教育要发挥农业生产培训课程的协同效应。现代社会的“人造风险”主要源于科技，往往出现于公共卫生、经济等具体某个领域。环境科学、生命科学、医学、经济学等专业知识技能是风险治理的重要依托。与此同时，生产培训课程也是进行风险观教育的重要

渠道和重要载体，因为正如教育家赫尔巴特强调的既没有“无教学的教育”，也没有“无教育的教学”。教书育人是教育最基本的信念，只是“20世纪，高等教育自发地把如何使学生变得‘聪明’当作了主要目的”①。因此，职业技术培育中融入风险观教育的内容，不是弱化专业知识和能力教育的标准，是让所有农业教育活动中贯穿风险观教育的内容。

2. 将风险观教育全面贯穿于日常生活

风险观教育不仅要融入农村思想政治工作和职业技能培训当中，而且要实现全程、全员和全方位渗透，要充分发挥实践、文化、网络、心理、管理、服务等日常思想政治教育渠道在风险观教育中的作用。面对未知的风险，我们要坚持风险教育的常态化、应急性和跟进性的有机统一。首先，在常态时期加强常态化的教育。通过文化交流、心理健康、企业管理等将风险观教育渗透于各个日常生活领域中，既起到警示、抑制风险于萌芽中的作用，又防患于未然，一旦发生风险有充分的思想准备。其次，在危机阶段加强应急性的教育。风险本身的灾害性给全体社会成员造成极大影响，风险应对中的工作失误、失职等问题也会被放大，同时，危机应对中还面临国际环境的影响。因此，需要根据平时积累妥善快速应对风险，同时要通过不同教育形式稳定社会情绪，弘扬优秀团体、组织和个人的先进事迹，强化对舆论场所的价值引领，构筑起战胜困难的强大精神动力。最后，战胜风险挑战后加强跟进式的教育。战胜风险挑战后，我们要善于总结经验，对风险的发生、发展和结果进行反思评价，同时要充分利用战胜风险挑战的契机激发全体人民的“四个自信”，提升全体社会成员的精神境界。比如：新冠疫情暴发后涌现出成千上万名医护人员自愿请缨从全国各地赶到重灾区武汉、全国各地以及全球华人向武汉运送物资、滴滴车主免费接送医护人员上下班等先进感人事迹。充分利用这些珍贵的重要资源，提炼挖掘战“疫”精神，讲好战“疫”的总体战、阻击战和人民战争，就能够激发起为实现中华民族伟大复兴不断努力的磅礴力量。

3. 优化环境，提升风险观教育实效性

① （美）德怀特·艾伦，任忠棠，卢瑞玲，等．高等教育的新基石[J]. 求是学刊，2005（03）：6-10.

马克思主义环境论认为人与环境是统一的，人创造环境，同样环境也创造人。在人的思想道德形成过程中环境是重要的外部条件，当环境与教育“同性同向”时起强化作用，当环境与教育“异性异向”时起消解作用。风险是动态变化的，风险治理也是动态发展的，因此风险观教育的环境也具有动态性。相对于常态环境，危机应对阶段是一个非常态环境，随着成功战胜风险挑战，非常态环境逐步转化为常态环境。风险观教育要重视制度环境、人文环境等教育环境的优化，尤其要重视优化媒介环境。一方面，新兴媒体方兴未艾，文字、图像、声音、视频等媒介形式对长时间沉浸于网络的人们具有反复强化、综合强化和累积强化的影响；另一方面，自媒体高度发达的今天，网络的普及使得个体与社会媒体等都有发表自己观点的平台和机会，互联网成为舆论工作主阵地、舆论交锋最前沿。面对影响力强大、鱼龙混杂的媒介环境，要高度重视媒介环境的优化。对混淆视听、颠倒黑白的言论，要进行秋风扫落叶式的批判；对各种误解要摆事实讲道理，澄清误会；对困惑要指点迷津，使人们看清主流和大势。同时，还应具体问题具体分析，最大化克服验证消息真实性的繁杂程序和冗长时间的弊端，做到既防止真实消息延迟造成更大损失，又避免假新闻先入为主动摇人心。总之，在风险观教育的全过程要努力做到不仅讲“好故事”，更要“讲好”故事，营造好的媒介环境。

参考文献

[1] 四川省精神文明建设办公室，《精神文明报》社．社会主义新农村精神文明建设辅导读本 [M]. 成都：巴蜀书社，2007.

[2] 武来银．甘肃精神文明建设理论与实践 [M]. 兰州：甘肃人民出版社，2012.

[3] 李河．中国乡村文明的百年变迁：从乡土中国到城乡融合中国 [M]. 北京：国家行政学院出版社，2022.

[4] 张丽军．乡土中国文化重建与新农民想象 [M]. 北京：中华书局，2022.

[5] 傅思明．乡村振兴相关政策一本通 [M]. 北京：人民出版社，2022.

[6] 张国梁，吴嫘，魏运才．齐鲁传统文化在现代乡村振兴中的创造性转化研究 [M]. 北京：中国商业出版社，2022.

[7] 周作武．实施乡村振兴战略的理论与实践研究 [M]. 湘潭：湘潭大学出版社，2021.

[8] 蒲实，袁威．乡村振兴战略导读 [M]. 北京：国家行政学院出版社，2021.

[9] 韩玉芳，施学华．首都精神文明建设研究报告 [M]. 北京：知识产权出版社，2012.

[10] 赵惜群．网络精神文明建设研究 [M]. 湘潭：湘潭大学出版社，2021.

[11] 王晶，李莹．教育农民是农村先进文化与精神文明建设的主要途径 [C]// 周婷婷，秦和，刘国辉．探索　创新　发展．长春：吉林人民出版社，2000：566-567.

[12] 杨宏杰．加强新时代农村精神文明建设若干思考 [J]. 农业经济，2022（05）：70-72.

[13] 沈亚琪．乡村全面振兴背景下基层党组织引领农村精神文明建设研究 [J]. 乡村论丛，2023（02）：25–31.
[14] 胡守勇．用“四个坚持”深化农村精神文明建设 [J]. 新湘评论，2023（07）：24–25.
[15] 杨丽佳．农民群体分化与农村精神文明建设的目标选择 [J]. 中国农业大学学报（社会科学版），2000（01）：46–48.
[16] 贾月．新时代农村精神文明建设中主体性因素作用的发挥及提升路径 [J]. 河南农业，2023（06）：24–26.
[17] 赵光宇．发展农民体育事业促进农村精神文明建设 [J]. 甘肃农业，1997(02)：42+41.
[18] 富艳玲，徐迪．加强农民自我教育 提高农村精神文明建设 [J]. 吉林农业，2013（11）：118.
[19] 任桂香．关注我国农民精神生活，加大精神文明建设力度 [J]. 高等农业教育，2004（02）：90–92.
[20] 董道萍．深化农村精神文明建设夯实乡村振兴根基 [J]. 当代贵州，2023(24)：60–61.
[21] 何芮．新时代乡风文明建设模式创新 [D]. 恩施：湖北民族大学，2022.
[22] 李双利．新时代农村基层党建引领乡风文明建设研究 [D]. 成都：西华大学，2022.
[23] 王见凤．浙江乡风文明建设研究 [D]. 杭州：浙江农林大学，2020.
[24] 丁锐．陕南地区乡风文明建设研究 [D]. 昆明：云南师范大学，2020.
[25] 樊瑞．新时代农村思想道德建设研究 [D]. 太原：山西师范大学，2019.
[26] 王力沛．新乡贤推动农村精神文明建设研究 [D]. 郑州：河南大学，2018.
[27] 李书燕．湘西农村意识形态建设问题及对策研究 [D]. 吉首：吉首大学，2018.

[28] 王亭亭．文化礼堂与农民精神家园构建研究[D]. 杭州：杭州师范大学，2017.

[29] 曹丹华．新型职业农民思想道德建设研究[D]. 太原：山西师范大学，2017.

[30] 赵艳龙．基于嵌入性理论的乡村农民精神文化教育研究[D]. 重庆：西南大学，2014.